民 俗 风 情 书 系
中国民俗节日

袁学骏 编著

河北出版传媒集团
河北人民出版社

图书在版编目（CIP）数据

中国民俗节日 / 袁学骏编著. —石家庄：河北人民出版社，2013.1

（民俗风情书系）

ISBN 978-7-202-07091-8

Ⅰ.①中… Ⅱ.①袁… Ⅲ.①节日-风俗习惯-中国 Ⅳ.①K892.1

中国版本图书馆CIP数据核字（2012）第315919号

主　编	袁学骏
副主编	陈旭霞
编　委	杜学德　杜云生　王军利　王　琦　范川凤
	李新锁　马全祥　柴秀敏　陈旭霞　袁学骏
丛书名	民俗风情书系
书　名	中国民俗节日
编　著	袁学骏
出版发行	河北出版传媒集团
	河北人民出版社（石家庄市友谊北大街330号）
印　刷	河北新华第二印刷有限责任公司
开　本	787毫米×1092毫米　1/32
印　张	6.75
字　数	96 000
版　次	2013年1月第1版　2013年1月第1次印刷
书　号	ISBN 978-7-202-07091-8/K·1058
定　价	12.80元

版权所有　　翻印必究

目 录

序 /1

第一章　岁时节日的起源和发展 /1
　　第一节　岁时节日的起源 /2
　　第二节　节日发展的几个阶段 /8

第二章　春节 /13
　　第一节　春节序曲 /14
　　第二节　立春 /20
　　第三节　除夕 /23
　　第四节　大年初一 /37
　　第五节　正月初一至十四 /42
　　第六节　正月十五元宵节 /57
　　第七节　正月十六烤火、丢百病 /67

第三章 龙头节 /71
第一节 引龙避虫 /72
第二节 二月二食俗 /73
第三节 祭龙仪式 /76

第四章 寒食与清明 /80
第一节 寒食的起源 /81
第二节 上巳节与三月三 /85
第三节 庙祭与上坟 /89
第四节 清明节习俗 /93

第五章 端午节 /101
第一节 端午节的历史形成 /102
第二节 勾践、伍子胥、屈原、曹娥等人的传说 /105
第三节 端午节习俗 /113

第六章 七夕节 /121
第一节 牛郎织女传说的来历 /121
第二节 牛女故事的文化内涵 /128
第三节 七夕节的形成 /132
第四节 七夕节习俗 /136
第五节 外国七夕节和西方情人节 /141

第七章　中元节 /144

　　第一节　佛道共用的节日 /144

　　第二节　七月十五敬麻姑 /146

　　第三节　七月十五节习俗 /148

第八章　中秋节 /154

　　第一节　中秋节的来历 /155

　　第二节　关于嫦娥奔月 /160

　　第三节　赏月咏月习俗 /164

　　第四节　拜月祈愿 /169

　　第五节　月饼 /174

第九章　重阳节 /178

　　第一节　重阳节的起源 /178

　　第二节　汉魏以来的重阳习俗 /182

　　第三节　重阳敬老习俗 /189

第十章　其他节日和节令 /192

序

袁学骏

我国是世界东方的文明古国,有着五千多年的文明史。其源远流长的民俗文化,是中华文明的重要组成部分。按照现在的说法,民俗文化的绝大部分属于无形文化、非物质文化。在经济全球化浪潮的冲击下,抢救和保护非物质文化遗产已经在全世界形成共识。2003年10月,联合国教科文组织颁布了《保护非物质文化遗产公约》。我国作为一个非物质文化遗产大国,面临大量民风民俗、民间技艺的濒危、失传,抢救、保护已是时不我待。文化部及时制定了与联合国教科文组织公约精神相一致的有关文件,社会各界也极力呼吁对传统民间节日、艺术的保护。2006年6月,国务院批准设立国家文化遗产日,时间为每年6月第二

个星期六，并颁布了第一批国家级非物质文化遗产保护名录，将大量民俗文化事象纳入保护范围之中。2007年第二个文化遗产日时，又公布了首批国家级非物质文化遗产优秀传承人名单。

这套丛书的编写，是响应胡锦涛同志在十七大报告中提出的"弘扬中华文化，建设中华民族共有精神家园"的伟大号召，在全国非物质文化遗产保护与中华民族共有精神家园建设的结合点上，确定推出的选题。它旨在通过民间信仰、岁时节日、饮食习俗、民间美术和演艺等专题介绍，让广大读者了解中华民族的非物质文化，唤起他们的民族文化自信，树立起民族文化的自觉，以加强我们的民族凝聚力和认同感。我们就是要通过彰显我国多姿多彩的民俗文化，保持中华民族的文化符号与特征，维护中华文化的本土化和多样化，这是具有伟大战略意义的事情。而对于每一个读者尤其是青少年读者来说，可以通过这套丛书充分认识中华民族的辉煌文化，学习民族先人的聪明才智，树立正确的世界观、人生观、价值观，更加热爱祖国，热爱民族文化，并能够在继承前人的基础上进行新时代的文化创新和艺术创新。

我们相信，这套丛书会对全国非物质文化遗产保护和中华民族共有精神家园的建设起到一定的推动作用，也一定会受到广大读者的喜爱。由于水平所限，时间仓促，书中问题在所难免，这里敬请广大读者、诸位方家及时指正。

第一章
岁时节日的起源和发展

我们中国历史悠久,节气、节日繁多,已经形成了东方式的丰富多彩的岁时节日体系。

岁时节日,主要指与天时、物候的周期性转换相适应的、人们约定俗成的、具有某种民俗文化意义的特定时日。不同的节日,会有不同的民俗活动,而且都是以年度为周期,循环往复,周而复始。我们的传统节日,都是古代农业文明的产物,经历了漫长的历史过程,成为我们民族千秋万代传承于今天的无形文化遗产,是中华民族相互认同的文化符号和共有的精神家园。传统节日文化,记载着我们的祖先认识和把握自然运动规律的聪明智慧,显示了各个不同历史阶段的社会、经济、科技、文化发展水平,成为人民群众有张有驰的生活节律表。本书准备从民俗文化的角度,专门来谈谈我国传统岁时节日,试图与大家共同

理清节日的来历,进行一次有趣的文化寻根之旅。愿你能够与我一路同行。

根据考古发现,在距今大约六七千年的仰韶文化时期,原始农业就已经出现。相传更早的伏羲氏时代就开始了野生植物的选择种植、禽兽的训化活动。这就需要准确的把握农时季节,制定历法、记录时间以方便生产生活和祭祀活动。原始宗教中,早有氏族部落的图腾崇拜;春种前和丰收后都要祭祀天地。也要年年祭祀先祖先贤。这些都是传统节日形成的重要源头。

第一节 岁时节日的起源

一、岁时节日的由来

(一)远古历法的因素。应当说,我国岁时节日的由来是多方面的。首要的原因,就是原始先民从事春耕夏种、秋收冬藏等农事活动需要把握时间,那么就要观察天时,制定历法。相传黄帝时设五官,其中有考定星历的官员。颛顼时设有火正官,尧帝时又设立羲和之官"明时正度",形成了春夏秋冬四季概念。夏

朝时,根据北斗星斗柄指向和许多恒星的出没来确定时、月,并用天干纪年。天干就是甲、乙、丙、丁、戊、己、庚、辛、壬、癸10个字,后来形成了夏历。殷商时期又制定了相对完备的历法,用天干地支相搭配来纪年。地支就是子、丑、寅、卯、辰、巳、午、未、申、酉、戌、亥12个字。天干地支相搭配就形成了甲子、乙丑、丙寅……这样的纪年方法,60年为一轮,称为一甲子、花甲子。周代继续用干支纪年,但以天上星宿大火的位置来表示寒来暑往、节令更替,所谓"七月流火",不是指天热,而是周人所指的大火星在天,从而又形成了周历。根据现在看到的《逸周书·时训》记载,那时就已经有了不少节气名称和相关的气候、物候记载。

古唐尧虞舜时,一年称为一载。夏朝时又称岁,商代则称祀,周时才称为年。年的起始和终点也有变化。到汉武帝太初元年(公元前104年),根据夏历制定颁布了《太初历》,那时二十四节气已经确定。这是大体延用至今的以地月关系为基础的历法,相对于以地日关系为基础的太阳历,此为太阴历,民间称阴历,后又称为农历。这种历法规定一年12个月,19年7

闰,闰年13个月。太初历也是兼顾地日关系的阴阳合历。远古时为了农业丰收,春种之前需要祈天祀地,秋收之后需要感谢神灵,所以就出现了春社、秋社,届时要进行祭土仪式,具体时间分别在立春、立秋后第五个戊日。这大概是中国历史上最早的祭祀节日。春社、秋社活动,后来在民间长期存在。人们丈量太阳的影子,把日影最短的一天定为夏至,日影最长的一天定为冬至。人们从冬至算起,太阳黄经每增加30度(约30天),便制定出一个新的中气,一年12个月便有12个中气。它们便分别是冬至、大寒、雨水、春分、谷雨、小满、夏至、大暑、处暑、秋分、霜降、小雪。然后再从小寒算起,太阳黄经每增加30度(约30天)便会出现一个新的节气,12个月就有12个节气。它们分别是小寒、立春、惊蛰、清明、立夏、芒种、小暑、立秋、白露、寒露、立冬、大雪。这些中气和节气相交叉便形成了二十四节气。这些节气的制定,为农业生产的开展提供了极大的方便。

早在远古时,民众就知道许多天文知识。明末清初大学问家顾炎武曾经说:"三代以上,人人皆知天文。'七月流火',农夫之辞也。'三星在户',妇人之

语也。'月离于毕',戍卒之作也。'龙尾伏辰',儿童之谣也。后世文人学士,有问之而茫然不知者也。"意思是说,夏商周三代以前,人人都懂得天文现象。"七月流火",是种田人口中的话。"三星在户",是妇女们的话。"月离于毕",是边防士兵的语言。"龙尾伏辰",是儿童歌谣中的词句。但后来读书做学问的人们,有时问起这些来还很迷糊不懂。其中"火"、"三星"、"毕"、"尾"、"辰"等都是星名。那时人们就在观察确定天空中的日月、星座和星区,后来确定了"七曜",即日月和金木水火土五大行星。也确定了二十八宿,是指在黄道、赤道附近的恒星组成的 28 个星区。在殷墟甲骨文、金文中,就记录了对二十八宿中部分星宿和日食月食现象。关于星宿的叙述和天象记载,还可以参看古老的《诗经》、《夏小正》、《春秋》、《左传》、《国语》等先秦典籍。立春、清明、立夏、冬至等节气,后来都形成了民俗节日。

(二) 月亮圆缺的因素。我国传统节日与月亮的朔望、圆缺也有密切关系。节日便是把一年季节渐变分成像竹节一样的时间段。在节日日期的制定过程中,月亮的圆缺被人们格外关注。因为远古时期没有文字

和日历，只能观察天上的太阳、月亮和星星。太阳每天东升西落，它的光芒很刺眼。月亮有升有落，有圆有缺，而且光线柔和，成为人们晚上反复观赏的对象。于是在岁时周期中有了月的概念。古人说的朔日、元日，就是现在所说的初一，而月圆时则是十五，也称望日、圆日。有时是十五的月亮十六圆，一般仍是十五。古代一些节日就在朔日或圆日举行，如正月初一为元旦，正月十五为上元节，七月十五为中元节、十月一为寒衣节等。

（三）**重叠数字的运用。**我国先民很早就形成了数字信仰。他们认为一月一、二月二、三月三、五月五、六月六、七月七等数字相重叠是吉月吉日，或者是恶月恶日。一月一，就是后来的正月正，大年初一，这和二月二、三月三、七月七、九月九，都是人们心目中的吉祥日子。五月五则是古人心目中的恶月恶日，这天要驱鬼避邪才能保证全家安康，所以也从反面形成一个大节了。还有民间忌讳的四月四，也是传统的地方性民间节日。这些与古代《周易》上讲数理关系有关。伏羲发明八卦，周文王演绎为八八六十四卦，在我国和世界东方形成了数理测算传统，也影响到了

节日内涵的解释。

（四）**信仰祭祀的因素**。在原始社会后期的灵魂崇拜、祖灵信仰和万物有灵观念，人们对天和地、日月星辰、大山大河、花草树木、飞禽走兽的自然崇拜，氏族部落的图腾信仰，以及后来渐渐形成的人神崇拜等等，都是节日形成的文化心理因素。比如人神，主要是民族人文始祖、民族英雄和各种功德人物。人文始祖中有伏羲、女娲、炎帝、黄帝和苗族始祖蚩尤，壮族始祖布洛陀等。民族英雄中被广泛祭祀的有苏武、岳飞、文天祥、戚继光等。还有其他在维护百姓利益、进行发明创造的地方性神祇们。比如工匠祖师爷鲁班、毛笔祖师爷蒙恬、造纸祖师爷蔡伦、香粉祖师西施，以及医药祖师华佗等。我国是一个善于造神的国家，从远古以来历朝历代都有人被捧上神坛，他们的生日、忌日或某个相关的日子都可能形成大小节日，有的形成了地方性庙会。儒教、道教的形成和佛教的传入，对后世节日的形成和增多、节日内涵的丰富和节俗的多样化，都产生了重要影响。后来伊斯兰教、基督教等宗教的传入，也使人们的信仰和祭祀对象更为多元化。

（五）**宫廷的参与和提倡**。我国传统节日的初始时

期大多由民间约定俗成，但也在上层统治者的率先垂范、下诏提倡之中加速形成。汉朝时，文帝继位后确定了正月十五为元宵节，亲自上街观灯，与民同乐。武帝信奉鬼神，因看病建立了太一神坛，正月上辛日大张灯火通宵祭祀，后来合并到元宵节中来。隋炀帝追求享乐，每逢元宵节都要在京城端门外设下数里戏场，调集几万人通宵歌舞。唐玄宗时，京师长安、东都洛阳和全国元宵夜更是"灯火家家市，笙歌处处楼"。宋徽宗放"鳌山灯"长达48天之久。明清两代从元旦到元宵的游艺活动更为盛行了。

第二节 节日发展的几个阶段

我国大部分传统岁时节日的根脉在先秦时期，有的可以追溯到伏羲、炎黄时代。按照已故民俗学泰斗钟敬文、博士苑利等人的见解，其发展过程可以分为五个阶段。

一、先秦时期是蕴育期

秦朝以前是我国传统节日的蕴育时期。这一时期

还没有完全成形民俗节日,但有了后来一些民俗节日的根芽。虽然一些祭祀活动早已存在,但在时间上没有确定具体固定的日期,有很大的变动性。主要是原始信仰、自然崇拜。特别是对土地的信仰,在人们心目中地位很高,仪式也很盛大,春社、秋社活动主要是祭祀土地的,因为没有土地就没有人类。人类对大地的崇拜也是一种母性崇拜。在古人眼里,天为阳为父,地为阴为母。人类童年时期,长期为母系社会,崇拜母性、母亲更为正常。但此时的土地祭祀还没有形成人格化的神。祭天,祭日月星辰、高山、江河等群体性活动也还都属于原始宗教性质的。

二、秦汉时期是形成期

秦朝统一中国,为我国节日习俗的形成提供了社会、政治、经济和文化等方面的有利条件。汉朝400余年间则是大多传统节日基本形成和定型的时期。比如传统的除夕、元旦、元宵、寒食、七夕、重阳等节日,在这一时期都已经为宫廷和民间所认同。太初历的颁行为年终岁首和各种节日的确定提供了理论依据和节点规定之便。这一阶段的后期,一些自然神走向

人格神的地位。原来地位崇高的社稷大神土地神，由于道教太清、三清、玉皇的确立，新的神仙谱系形成，被降格为保佑一方平安的地方小神，但春祈秋报、征讨杀伐、天子狩猎、天旱求雨仍然要告祭这个人格化了的土地爷。寒食节原本的禁火换火性质，开始向纪念春秋晋国介子推这个历史人物转化。此时天文学有了更高程度的发展，盖天说、浑天说、宣天说等学说都在这一时期出现了。

三、魏晋南北朝至唐代是融合期

这一时期，节日活动继承着秦汉节日文化，也受到魏晋玄学和社会长期动荡、南北文化交流融合的影响，使节日习俗出现了许多新变化。特别是道教在这一时期长足发展，使一些月日单数的节日得到强化和普及，节日曲水流觞、登高宴饮、祓禊等系列新民俗不断出现，也相伴地出现了节日娱乐、享乐的倾向。

由于南北文化的交流，端午节从南方向北方传播，北方人秉承了南方民族端午驱赶瘟神的传统，出现了戴香包、系五色线、插艾叶、放风筝、用马匹带走瘟神等种种节俗，有的地方还把这天定为采药节，据说这

天采来的药材非常灵验。到道教的七月十五中元节,也与佛教盂兰盆节共同形成一日两节的局面。佛祖四月初八诞生日、腊月初八成道日都已成为礼佛者的节日。

四、宋元明清时代是丰满期

宋代是我国历史上城市发展高峰期。这一时期的市民文化、市井文化得到空前发展。传统节日走向礼仪化、娱乐化。原来过年贴门神、守岁、舞傩等原本用于驱鬼的仪式,渐渐演变为娱乐性质的民俗活动。特别是过年放爆竹习俗向全国传播。元宵节祭祀北极星太一神,几乎完全变成了娱乐性节日。七夕节妇女乞巧习俗更盛,爱情主题进一步被淡化,求子用的泥人"磨诃罗"在东京大兴。元明清三代继续沿着宋代节日习俗方向发展,但融合了蒙满游牧文化,体育竞技活动增多,使节日习俗更为丰富多彩。

五、中华民国到现代是转型期

20世纪是一个充满政治动荡的世纪,也是一个破旧立新的转型性世纪。1911年底,中华民国即将成立之时,孙中山为首的民国政府确定使用公元纪年,以西方的元旦为新年,以中国的元旦为春节,并且实行

了阴阳合历。这既是对传统文化的重创，也使中西文化走向璧合。

1949年9月27日，中华人民共和国成立前，新政协会议决定继续使用公元纪年，实行阴阳历双轨制。不久又颁布了五四青年节、七一建党节、八一建军节、十月一日国庆节，三八国际妇女节、五一国际劳动节及六一国际儿童节等中外革命性节日。由于极左思想的影响，对民族传统节日冲击很大。特别是"文革"时期，许多传统节日被当成"四旧"来破除，形成了空前的文化浩劫。比如，那时提倡过"革命化春节"，不许上坟祭祖、不许互相拜年。打倒"四人帮"后，特别是改革开放后，一些传统习俗开始复苏。在市场经济发展中，传统节日渐渐被广大群众自觉恢复，也不断出现一些社会公益性的植树节、老人节、母亲节、教师节等。外国的情人节、圣诞节等也涌入我国，对我国传统节日产生了新的冲击。21世纪以来，政府的文化保护政策不断出台。2006年6月，春节、清明、端午、七夕、中秋、重阳这六大节日被列入首批国家级非物质文化遗产名录。2007年12月，重新规定春节、清明、端午、中秋四大传统节日为法定节日，这使我国传统节日在新形势下得到较快的恢复和发展。

第二章 春节

春节,是我国一年一度普天同庆的最大节日,也被称为年节。其特定日期就是延续两千多年的传统大年——农历元旦。古代的年节性日期是多次变化的。比如夏代以建寅为正,就是以一月为正月。商代以建丑为正,就是把十二月做正月。到周朝时以建子为岁首,就是十一月为正月。秦始皇统一六国,实行车同轨、书同文、改服色、变历法的政策,以建亥为正,就是十月为正月。汉朝初年仍然沿用秦制,到武帝时,颁行太初历才将年确定为现在的正月初一。虽然中间有所变动,但大体延用到了今天。关于岁首,各朝代都认定是正月第一天。由于日期和岁首称呼多变,年的一些新称呼不断出现,元旦、正旦、正日、元日、上日、新正、新年、三元、三朔等,这与各朝代历法计算方法不同也有关系。所谓元,就是开始、第一。

旦，就是早晨，旦字上面有个日字，就含有日出之意。朔日，即按月亮出没，初一为朔，十五为望，朔望二字相连就指从初一到十五这半月时间。

在历史发展过程中，过年渐渐形成了一个巨大的年节系列。包括十二月的腊八日、祭灶日和除夕，已被许多专家学者和群众看成年的序曲和年的一部分。元旦后，一直到正月十六才算把年过完。从腊月二十三到正月十六可以有24天。现在也有人认为正月二十五填仓节、二月二龙头节也是大年系列的尾声。如果这样说来，从腊八到二月二可以长达54天之久，这在世界各国年节节期中大概是创吉尼斯纪录了。本书划分，从腊八、立春、除夕、元旦，到正月十五元宵节为年节范围，下面对自古以来的传说一一进行追述，从中可以看到我们中华民族极其丰富的年节文化。

第一节　春节序曲

春节的第一个序曲是腊八节，第二个序曲是腊月二十三祭灶节。对这两个节日，我们分别进行一次历史性的回顾。

一、腊八节

腊月初八是腊八节。这个节日是怎么来的呢？古人把每年的十二月称为腊月。"腊，冬至后三戌，腊祭百神。"这是《说文解字》中讲的。腊，就是猎。这句话的意思是说，腊祭活动在冬至后第三个戌日，用打猎来的鸟兽做供品祭祀天地众神。在《礼记·月令》中说，此时天子要祈祭"天宗"，"腊先祖五祀"，让农民们得以休息。可见周代时就有了腊祭，而且是用猎物来祭祀祖先和门户等五种神灵的。因为冬天鸟兽肥胖，正值农闲，去打猎祭祀天地和祖先是顺理成章的事情。此日为腊日。南北朝时才将腊日固定为腊月初八。

另一个原因是，东汉明帝时佛教传入中国，在洛阳建立了第一个寺院白马寺，佛事活动便在都市和乡间风行起来。僧侣们根据教义说，腊八这天是佛祖释迦牟尼成道之日。成道前他吃了一位牧羊姑娘熬的米粥，到菩提树下静修，于腊月初八得道成佛。佛家子弟们就在这一天熬大锅粥进行纪念，除了自己吃，还施粥给信佛民众。早在宋朝孟元老的《东京梦华录》

中就有记载,说这天僧尼们三五人一队上街念佛,往佛像上"洒香水",各大寺更要做"浴佛会","送七宝五味粥与门徒,谓之八宝粥"。各家各户也便学着僧尼的样子熬粥,先敬神祭祖,再赠送亲友,然后自己吃,称为佛粥、福寿粥、福德粥。安徽还流行着朱元璋为腊八粥赐名的传说:他小时贫穷,曾经掏田鼠洞里的大豆、红枣等熬粥。称帝后吃腻了美味佳肴,便想起放牛时吃的粥,便又让人做了吃。这天正是腊月初八,便赐名叫腊八粥。腊八粥的原料,一般是以米、豆、枣、栗之类为主,放上杏仁、核桃仁、桂圆、葡萄干、菱角、青丝、玫瑰、花生、红豆等一起慢火熬制,多者可达几十种,但许多人取8种或一倍16种,谐音为"发",以图吉利。个别也有在粥里放肉片的。我国改革开放以来,腊八粥、八宝粥又在全国普遍流行,这是市场经济带动了传统节日习俗的恢复。门,是古人"五祀"对象之一。古人吃粥前要上供,有的向屋门、街门抹一点粥,也算让门神尝到了。这天也有的地方吃腊肉、喝腊酒,还腌制腊八蒜。

北方民间还有一个关于腊八来历的传说:一对懒夫妻把父母留下的家产折腾光了,最后夫妻俩在一间

破屋里呆着。腊八这天刮大风下大雪,他们睡到中午还没有吃饭。妻子起来找粮食,只找到一点米和几粒豆子,便熬成了一碗稀粥。但是还没来得及吃,房子就被大风刮倒,两人被活活砸死了。人们赶来刨出他们的尸体,还发现有一碗粥,却再没发现一粒粮食,便猜到他们是在饥饿中死于非命的。于是纷纷教育自己的儿孙要勤俭持家、劳动致富,不要学那种败家子。这个故事突出了教育儿孙勤劳节俭的主题,在一般人眼里似乎比礼佛更为重要。

解放初期,一过腊八年味就来了,人们便开始盘算如何迎接大年。那时候家家要杀猪宰羊,准备过年的粮油、新衣等东西。现在政策已经不允许个人宰杀猪羊,人们大都是到集市、超市去买肉了。

二、祭灶节——小年

腊月二十三是祭灶节,也被人们称作小年。个别地方是把除夕称为小年。至今民间有歌谣说:"二十三,糖瓜粘。""腊月二十三,灶火爷上天。""腊月二十三,离年还有七八天。"

关于灶王的来历,与古人的火崇拜有关,灶王便

与火神相关，或说是火神的转化。在《敬灶全书》上说，灶王"受一家香火，保一家康泰，察一家善恶，奏一家功过"。古时称他为灶君，今人称为灶王爷、灶火爷。《庄子》最早记载的灶君是女性，着赤衣，妆如美人。后来道家说灶神是"种火老母元君"。汉代《淮南子》中说"黄帝作灶，死为灶神"。或说是炎帝。后来说灶王姓魏，或说是张魁、张单。他们战死有功，或说因为好吃懒做，爱说闲话，死后被封为灶神，上天让他监督人间，每年腊月二十三去天宫向玉皇大帝报告。人们怕他上去说三道四，就用糖瓜、胶牙糖沾住他的嘴，还在灶王神像旁写上"上天言好事，回宫降吉祥"的对联，认为这样灶王就不会说坏话、玉皇也不会给人间降灾星了。

灶王像大多是民间木版年画，上面有灶王、灶王奶奶，还有一只鸡、一只狗，最上方有"三年早知道"，是每年二十四节气和主要节日的年历表。关于灶王奶奶，大多传说是个勤俭贤惠的女人，曾经被丈夫遗弃，丈夫新娶之妻好吃懒做，最后穷了便离他而去。这年腊月二十三，他讨饭到前妻门上，发现妻子已经富贵，便一头碰死在她家的灶膛上，前妻便就地埋下

他。后来她祭奠丈夫时，便说是供奉灶王，人们就学着做起来，形成了祭灶风俗，所以灶王像上还有灶王奶奶。关于鸡和狗，有说是丈夫铺张时鸡就凿米不浪费，狗就吃他酒醉后吐的东西，一个生蛋，一个看门，也都有功劳。

祭灶时间，到宋代确定为腊月二十四，说腊月二十四"交年"，意思是小年，年的程序开始了。但当前全国大多在二十三祭灶，南方一些地方仍然是二十四祭灶。也有"官三民四疍（dǎn）家五"的说法，意思是官府二十三祭灶，一般人二十四祭灶，渔民则是二十五祭灶。陇东地区庄浪县内，既有二十三祭灶，也有二十四祭灶的。现在祭灶风俗有所弱化，但在广大农村和城中村里仍然保持着这种习俗。祭灶要用供果、糖瓜、芝麻糖，有的供豆沙包、瓜果，以甜食甜果为主，不上肉类食品。因为甜食有黏性，便于粘住灶王的嘴。还有的糊上车马、准备一点草料，是让灶王上天快些，还能半路喂马，想得很周到。祭灶时也要点香烛、化纸。陇东祭灶时，要把灶王送到门外，还要放鞭炮。主人可以在灶王前许愿还愿。在冀中，有的让小孩认灶王。这是用一只活公鸡放在灶王面前，意

思是奉献一个特殊礼物,让灶王认下孩子,护佑他不受鬼魅所害。一般到12岁,最后一次祭灶还愿为止。

从这天开始,年味越来越浓。过年的近期准备活动也逐日繁忙。远在异乡工作、经商、打工的儿女们也开始陆陆续续往回赶。在冀中地区有这样的歌谣:"二十三,糖瓜粘。二十四,扫房子。二十五,做豆腐。二十六,煮锅肉。二十七,杀只鸡。二十八,宰只鸭。二十九,贴道有(春联)。大年三十,挂灯包饺子。"甘肃庆阳地区祭灶、扫房都在二十三,白天清扫,晚饭后便祭灶,与晋冀鲁豫各地一样,都用粘糖等供品。

第二节　立春

立春,也称打春,是春节前后的重要节气,也是一个十分古老的节日。夏朝时,曾经以立春日为正月节。现在的立春,一般在阳历2月4日或5日,而农历有时在腊月,有时在正月、二月。人们常说"春打六九头"。在数九歌中云:一九二九不出手,三九四九冰上走,五九六九,沿河看柳,七九河开,八九雁来,

九九加一九,耕牛遍地走。打春时东风吹拂,大地开始解冻,草木开始复苏。传说炎黄时代的西方天帝是少昊,为鸟国的国王。他在立春这天喜得一子,就取名勾芒。因为春天豆芽像弯勾,草叶和苗子像尖芒,是春天的象征,这便是后来的春神。人们在立春时要迎春、祀奉春神。有关的节俗,有这样几种。

一、打春牛活动

古时立春日,宫廷要举行迎春活动。根据《礼记·孟春之月》中记载:"立春之日,天子亲率三公九卿、诸侯大夫,以迎春于东郊。还反,赏公卿大夫于朝。命相布德和令,行庆施惠,下兆于民,庆赐遂行,毋有不当。"意思是说,周朝时立春这一天,天子亲自率领公卿大臣和诸侯、大夫们去东郊迎春。回来还要犒赏大臣们,又让宰相发布德和令,要求全国进行庆祝、给予必要的好处,号召所有百姓参加,这样庆祝、赐赠活动就开展起来,没有不这样做的。后来,历代各州县都要举行迎春活动。那是将一根鸡毛放到竹筒内,将竹筒口朝上埋在地下,州官县官到场祭拜等候。时刻一到,鸡毛便从筒中飞起,人们便欢呼春来了。

山西明清时曾有演春习俗。就是在立春前两天让唱戏、耍把戏的人们扮成庄稼人，农民们也背上劳动工具，一起到塑有春牛的场合，唱农时歌谣，进行农业劳动模仿演出，场面很是热闹。根据清朝乾隆《平定州志》记载："立春先一日，迎勾芒神、出土牛。"意思是立春前一天要迎接春神勾芒，做一个土牛，举行打春仪式。这勾芒、土牛是泥土做成或纸糊的。到立春这天，官员们举行完祭祀仪式，就让人用鞭子打春牛。第一个人先打三下，接着民众都争着来打，还都捡回一块土。如果是纸的就不捡了。人们把土块带回家，认为撒到自己田里庄稼就会丰收。河北藁城市耿村孙胜台讲过《打春牛》的故事，说古代用纸糊春牛，人们打烂之后发现牛肚里有糖果、点心，便争着去吃，谁吃了谁有福气。看来冀晋两省打春牛的古俗的确曾经存在，但现在基本绝迹了。

二、咬春食俗

立春要吃什么？一般是吃萝卜、豆芽、韭菜（韭黄）、葱、姜等，这叫咬春。据张余等编《中国民俗大系·山西民俗》中载，阳泉一带立春时普遍做春卷，

就是将肉、菜用面片裹住，剁成一寸左右小节，在油锅中炸熟，吃起来外脆内嫩。也有吃春饼习俗，就是用白面裹上豆芽、粉丝、韭菜等烙成圆形小薄饼食用。当地人叫做春饼合菜，也叫做春盘。春盘，在唐代就有，是把春饼放在盘中食用或赠人。这种习俗在北方一带还有些流传，但不少地方把吃春饼春卷变成了吃饺子，男人们饮些酒水，这是咬春习俗的一种演变。

过去女孩们也在立春时用纸张剪些小燕、小蝶，叫做春鸡、春蛾，或用布缝制小娃娃，叫做春娃，插在发际或佩戴在身上，以贺新春的到来。

第三节　除夕

一年的最后一天为除夕。除，为过、去、走的意思。夕，就是夜晚。除夕就是一年最末尾的傍晚和晚上。但人们习惯于把大年三十这一天称为除夕，也有除夕日、除夕夜之称。为什么叫除夕？民间对此另有解释。河北省安平县有这样一个传说：很久很久以前，有一种野兽叫夕，它们动作很灵便，性情很凶猛，总是在腊月三十晚上出来，偷吃供果祸害人。人们想了

很多方法,总是逮不住夕。后来有个聪明的小伙子,依照供桌的样子做了一个翻板木箱子,将供品放在木箱上,夕来偷吃供品就会掉入箱里。家家都学着样子做了木箱,三十傍晚都放在夕出没的地方,一下子把夕全都逮住了。人们把夕杀了,剁成肉馅包饺子吃,从此再也没有夕来捣乱了。后来,人们就把腊月三十晚上叫除夕,用吃饺子庆贺除掉夕的胜利。

除夕是一年之尾,是辞旧迎新、除旧布新之日,在人们心目中十分重要。2007年12月,国务院颁布休假日时,将除夕这天作为春节放假的开始,就强化了古人过好除夕、迎祥纳吉的习俗。

王安石曾有诗云:"爆竹声中一岁除,春风送暖入屠苏。千家万户曈曈日,总把新桃换旧符。"这便是说除夕要放鞭炮,喝屠苏酒,还要换上新桃符驱鬼避邪,保障新年的吉祥如意。这天,是迎年活动程序中最为繁忙的一天,有关的习俗很多也很重要。主要有以下几种:

一、贴春联、门神、彩纸、窗花等

春联、门神、彩纸、窗花等是过年的特定吉祥物。

过去贴春联等是腊月二十九,现在人们普遍推到除夕这天。这里,我就从除夕贴春联来叙述。

春联是怎么来的呢?周朝时,过年要驱鬼避邪,就要在门前挂上神荼、郁垒两人的像。相传他们是专门监督鬼魅的神,发现那个鬼做了恶事就把它用苇索捆起来去喂老虎,所以鬼都很怕他们。后来嫌刻画人像费事,便在桃木板上写出两人的名字挂上,因为传说神荼二人是在桃树上捉鬼的,那桃木是五木之精,也有法力。到蜀后主孟昶时,他让一位大臣在桃木板上写吉利词儿,看了不理想,就亲自写道:"新年纳余庆,嘉节号长春。"这便是历史上的第一副春联。有了这副春联,文人墨士们便纷纷在桃木板上写起来,渐渐在四川形成风俗。明太祖朱元璋很喜欢联语,曾经号召京城家家户户贴春联,贴福字。后来春联不再单独写在木板上,而是写好挂在门前廊柱、门框上,所以也和婚联丧联一起称为楹联。除了贴春联、福字,人们还喜欢贴挂彩纸,剪贴喜鹊登梅、五谷丰登等吉祥图案的窗花。凡有丧事的人家,连续三年春节不贴春联,或用白纸蓝纸书写。

贴门神的风俗与桃符一脉相承,渐渐分出春联一

支，但贴门神风俗仍然存在。传说唐太宗生了病，总梦见妖蜮，晚上不能睡觉，有人出主意把大将秦琼、尉迟敬德两个人找来把守宫门。时间长了，不能总让大将军把门，便在宫门上画了他们二人的像。现在，不少地方仍然在过年时贴这两位大将像，也有的贴死后专门捉恶鬼的钟馗像。

二、贴全神

除夕这天的一件大事，就是要在院落北墙安搭一个神棚，也叫天地棚，贴上木版年画式的全神像（神码）。

所谓全神，一般就是包括儒道佛三家的天地人三界众神。河北一带的全神像多见的是六佛头、玉皇顶的两种。六佛头一种，最上面一层是老子（老君）、孔子、如来（释迦牟尼），下一层正中是玉皇大帝，两侧是菩萨、八仙、孙悟空等，再下方是红脸关公，左右有周仓、关平等。关公下面竖写"天地三界十方真宰之位"，玉皇顶一种，最上方正中是玉皇，左右是白发老翁，以为是老君、太乙真人。整个画面没有儒佛人物。却有年、月、日、时四神和执铜执棍武士。中有

"天地三界十方万灵真宰",却没有"之位"二字。这字样两侧都是各路神仙。最下方有二人(或四人)用身体扛着大地,传说那是哼哈二将,专门保持大地平稳安全的。

冀南地区内邱县的神码上人数众多、分为九层。最上方正中一人没有姓名,头上有冠,不会是西天如来,大概是古时天帝,左右两侧各有一位面向他的人,似是侍从,第二层没有姓名,每人脸上有一个圆点,似是天眼。第三层正中是张天师,有左右各四条胳膊,面额上有天眼,左侧是送子老母、眼光老母、天妃娘娘,右侧是孙子、无山等人。第四层正中是三清(太清、玉清、上清),左侧是观音、文殊、普贤三个菩萨和孙悟空,右侧是天皇、地皇、人皇,第五层正中是玉皇大帝,两侧是他的天兵天将们,其中一个像是哪吒。第六层正中是红脸关公,左侧是牛王、马王、天者,右侧是土地等。第七层正中是三官(天官、地官、水官),左侧是文帅等,右侧是杨二郎、温师、黑师等。第八层正中是统天、天子,左有太阴、财神,右有太阳、无生、王福。第九层正中是地藏王,左右两侧分别是一王、二王、三王、四王、五王、六王、七

王、八王、九王、十王,他们大概是十殿阎君。这样的神码中,把天上地下、神佛大批包罗进来,成为过年时必须祭拜的全神了,但没有孔子、如来。

家中正房冲门则是长年供奉的神像,明清之后一般神像上有玉帝、关帝、观音菩萨等,有两层、三层和多层不等。最多的可达十几层,比院中过年临时贴的全神像还多。另有财神、仓神、土地、门神、路神、牛马王等神祇的位置,原来有神像的要去除上面的尘土,没有神像的要用红纸写上"财神之位"、"仓神之位"等贴到神位上。

三、包饺子

年三十、初一包饺子、吃饺子,在全国来说比吃糯米糖团、汤圆更为普遍。过年的饺子,带有多重含义。首先,饺子用肉、油较多,营养丰富,且有福寿多多的意蕴。其次是饺子很像元宝,是财源滚滚的象征。从根上说来,古时曾称饺子为扁食、牢丸、饺饵,它的样式来自馄饨,个别地方过年也吃馄饨,但饺子比馄饨馅多个大。饺为交,是新旧交替、迎祥纳福的意思。饺子更是供奉神灵和祖先的必备之品。

除夕要包饺子，既要当天上供之后全家吃，又要准备好第二天清早的供品饺子。有的除夕吃蒸包、熬大锅菜，第二天早起才吃水饺。大年初一早晨全是水煮饺，还没有发现初一早上蒸饺的。

过年包饺子活动，往往是全家动手，起码是家庭主妇和女儿、儿媳一起动手，有的是祖孙三代女性一起进行。这中间说说笑笑，加浓了家庭和谐温暖的氛围。在城市中，前些年春节时有些年轻夫妻为了省事买冻饺，现在普遍自己动手，或到婆母家、娘家一起来包，也形成一种团圆与祥和的气氛。

四、点火挂灯

除夕夜点旺火，是说火旺人旺财也旺，也能驱鬼避邪。过年时在院里、室内火塘里用干柴点旺火，这来自远古时期对火的崇拜。那时人类认为有了火就有了光明和温暖，能够驱赶鬼祟。点旺火还可以烧烤一些食品，温热酒水，以备守岁之用。在上海要点灯火，叫做赶虚耗。所谓虚耗，就是指藏在家中的一些鬼祟，用点灯、点火的方法就能把它们赶走，从而保证一家来年平平安安。这在《荆楚岁时记》中就有记载。那

时还有点火时放些松枝的做法,叫做烧松盆。直到明朝时北京仍有类似习俗。有的地方要填虚耗,就是除夕或正月十六打扫院落、街道,把坑坑洼洼都填满,使那些虚耗鬼们无处藏身。

除夕夜点火习俗也产生了一些传说。比如,河北省丰宁县有一个这样的故事:以前人类要过年,穷神恶鬼们也要过年。它们规定,这一夜谁抓的人最多谁升官。这样很多人就会在除夕被鬼掐死或失踪,人们十分害怕。玉皇大帝发现快过年了人间没有欢乐,便派财神下凡私访。财神变成一位平常人去问清情况,便让家家户户都糊灯笼,备鞭炮,弄些柴草放在院里,准备到除夕夜晚点火。第二天傍晚,那些穷神恶鬼们还像往年一样悄悄地溜向村里。财神一声令下,立时家家灯火通明,火光四起,那些神鬼们一见就纷纷逃命,逃不掉的就被火烧烤成一滩肉泥。为了不让它们复活,人们用白面包起它们的肉来放进锅里煮。这便是三十晚上的饺子。从此每年除夕就点燃很多灯烛,烧很多柴草,还要点放爆竹,这叫明灯旺火。

过去也在院落、胡同和街道上散路灯。就是把许多灯烛从自己院里摆起,一直到大街路旁。这也是赶

虚耗、恶鬼方法，同时又是为了祭祀无家可归的野鬼们，更是为了过年迟归的人们回家方便，清早拜年方便。

过年燃火点灯的方式之一就是挂灯笼，过去大多是挂竹木或者庄稼秸杆制成的灯笼，现在普遍是挂长型红灯或大红宫灯。灯笼的制作已经市场化、批量化，过去只有宫廷才能挂的圆型宫灯也走向了千家万户。有一则传说讲道：明朝末年李闯王造反的时候，曾经包围了开封城，但怎么也攻不下来。闯王便乔装打扮到城里去探听虚实。他摸清了城里的情况，有了破城的办法，但穷苦百姓们怎样才能不受误伤呢？于是他告诉人们：除了贪官污吏和那些恶人，都要在家门口挂一盏红灯，起义军来了就不杀你们。第二天城池攻破了，老百姓几乎没有被伤害的。后来人们过年时，就纷纷挂起红灯来，既表示感谢和怀念李闯王，也是为了图个红火吉利，拜年进出方便。

五、放鞭炮

放鞭炮和点明灯旺火的出发点是一样的。但灯火只有光亮，却没有声音。光亮能够驱鬼避邪，声音更

能避邪驱鬼。

放鞭炮的来历，有说是从宋代发明火药之后开始的，也有说火药是魏晋时期道士炼丹发明的。魏晋时期纸张昂贵，不可能用纸做鞭炮，很可能是用竹筒填上火药做成的。

放鞭炮与姜子牙有关。相传姜子牙帮助周武王灭了商纣王，就上封神台去封神。一个个功臣都封完了，他老婆马氏却跑来了。姜子牙在渭水钓鱼等待周文王时，老婆就嫌他穷，一跺脚走了。现在打了天下要封神了，她跑来要神位，就没好气地说：封你一个扫帚星，只有三十晚上可以下界，哪儿黑就往哪儿钻。后来，过年放鞭炮就是为了崩扫帚星，让她没处躲藏。在南方少数民族地区，由于当地竹子很多，过年时就烧竹杆竹枝，发出一些声响来。根据古书记载，鞭炮原来叫爆竹，就是烧竹子造响动。有了火药之后，特别是造纸技术提高之后，用纸做炮才时兴起来。特别是成串的小鞭，几乎全是纸和火药做成的，编到一起像一条鞭子，所以才有了鞭炮的说法。在南方还有大年夜摇毛竹的习俗。说是某座山上有一个山角精，它总是骗人吃人。春笋、冬笋弟兄二人，一个勤快懂事，

一个好吃懒做。这天冬笋听到外面有人喊他到后山去吃甜番薯,他就信以为真地跑去,结果被山角精抓住了。要不是春笋哥哥在家摇动毛竹,竹叶飞去遮住山角精的眼睛,冬笋就死定了。第二天山角精又喊冬笋,冬笋又受了骗,跑过去就被山角精喷出的毒气毒昏了。这时春笋又摇动毛竹,并且和毛竹一起赶到,才把山角精压住了。春笋冬笋便也长在了泥土里。据说现在大年夜时,当地人还让孩子们去摇毛竹,既是为了避邪,也是要让孩子学习毛竹的为人,还要孩子长得像毛竹一样高大挺直。

六、年夜饭和守岁

年夜饭也叫年饭、分岁饭。这是一年中最后一顿饭,很有辞旧迎新的意义。年夜饭一般都很丰盛,家中最好的酒菜、食物都要摆上来。但普遍认为,年底饭必须有鸡和鱼,因为鸡谐音为"吉"、鱼谐音为"余"。民间至今有"无鸡无鱼不算席"的说法。在沿海、南方水产丰富的地方,往往要做鲢鱼、鲶鱼、鱿鱼、鲫鱼四道菜,取意为连年有余。也有的做鲢鱼、鲶鱼、鲫鱼、青鱼为连年吉庆的象征。年夜饭就是

"团圆饭"、"合家欢",这是一年来全家老少最隆重的聚餐。有老人的家庭都要让老人坐上席,儿子儿媳、孙子孙女依次往下坐。这时一般不请亲戚朋友,有的地方根本不许外人在自己家过年。如果过年不回家团聚,大多数人会觉得孤独和难堪。若因为工作需要、身体原因不能回家过年,则最是人生遗憾。团圆饭中,也往往有丸子,丸谐音为"圆",含有团圆之意。当然还有各种地方性的菜肴。团圆饭也要有酒水。经济条件好的人家能喝茅台、五粮液、酒鬼等名酒或地方名酿,一般人家就说不定喝什么酒了,但都要比平时的酒档次高些。古代时冬天酿酒,腊祭时用,后来过年时也用,称为春酒。《诗经》中就有"为此春酒,以介眉寿"的语句,可见周代时就有了团圆饮酒的习俗。到汉代酿酒技术提高,产量增加,酒的使用也更为广泛,除夕、元旦或其他节日都要饮用,招待亲朋更要饮酒作乐。酒能够使人兴奋,提高宴席上的热烈气氛。但在除夕年饭中饮酒,一般都不过量,因为这一夜要守岁,第二天清早还要起来祭神放鞭炮,与平时闲喝酒大有不同。年夜饭前,要盛出一碗放起来,这叫隔年饭,放到第二天中午或晚上做饭时才倒回锅里,意

思是连年有余,上年储备充足,今年的日子就会好起来。也有的故意把年夜饭剩下许多,一直零零星星用到正月初七或十五之后。

一夜连双岁,五更分二年。守岁也是我国的古俗。晋朝时周处《风土记》中记载,蜀地一带除夕晚上"达旦不眠,谓之守岁"。唐宋时守岁风俗更为普遍,唐太宗就做过守岁诗,其中有"冬尽今宵促,年开明日长……对此欢终宴,倾杯待曙光",是对那时宫廷守夜活动的生动记录。守岁之夜,古时也有大傩活动,就是安排人扮演将军以驱赶鬼魅,宫廷和民间一些地方都有。如果在乡村,就是身穿戏装、手执武器的人四处驱鬼,从家家户户中追赶到街上,又从街上赶到村外,然后把鬼扮演者打倒或捆住,并要焚化香纸发送那些不祥之物。他们认为这样下一年就会家家平安、人人健康了。虽然谁也看不见鬼魅在哪里,但都感到十分庄严、神圣。也有的少数民族要大唱傩戏,这可能与前面所说的除夕点火、挂灯的来历传说有关,也与年的来历传说、三十晚上逮夕的传说大体一致。年与夕都是怪物,人们就要除掉它们,其方法就是点火、挂灯和放鞭炮等。从这个角度说,守岁就是守祟,不

让邪祟侵害人类。也有的地方是踩岁,即把芝麻杆撒到院落里,据说扫帚星、邪祟东西一来就会有声音,主人就会知道。踩岁,也就是踩祟了。实际上,初一早晨拜年人来人往,芝麻杆被踩得嘎吧嘎吧响,主人一听就赶紧迎上来,这便是芝麻杆的信号作用。

守岁时,也希望财神来送金银元宝。传说过去有弟兄二人,守岁时都等着天上财神来撒金银。如果谁捡得了就赶紧放到屋里,天不亮不能开门。哥哥很贪心,把天上落下的财宝抢走很多,弟弟没有抢多少。但到后半夜,哥哥听到外面有声音便开门去看,这一下财宝就变成了石头。弟弟拿了些财宝,到天亮才开门,那就是真的了。这是古人们希望家庭富裕才形成的故事,天不亮开门则是一种禁忌。但除夕要起五更,怎么能等到天亮呢?故事是批评了哥哥这样的贪心人。

守岁时,家人们也要有些娱乐活动。这主要是打纸牌、麻将,或其他民间游艺活动,都是在家中而不是街上。现在电视机已经全国普及,吃年夜饭、守岁活动与看电视一起进行。一家人边吃边喝边聊天边看电视,还会讨论哪个节目哪个演员好,到午夜12点时,人们听到新年钟声就跑到院里去放鞭炮。这已经

在城市和乡村形成一个新的年俗。过去是年夜饭前后放鞭炮，起五更祭神放鞭炮，现在半夜子时增加了一次鞭炮燃放。这是在农历新年第一时间的炮声，是放炮人自己的声音，象征着新年将有新起色、新收获。

第四节　大年初一

大年初一是元旦，是岁之元、月之首、日之始，三个第一，所以又叫三元日。现在叫春节，查书知道汉代时就出现了春节一词，魏晋时则指整个春季。现在年节中，标志性的日子便是元旦。汉代时立春日的庆祝丰收、祭神保佑新年风调雨顺的活动，到魏晋时期渐渐移向了大年初一，主题也多了礼仪性、娱乐性和全家团圆、人际和谐的内容。元旦的程序，人们总要在五更时开始迎神祭神。这天早早起来，男主人指挥全家续燃灯烛、上香、摆放供品，然后就开始迎神祭神的活动了。

一、祭全神

这里所说的祭全神，既指院中神棚的全神，也包

括室内外平常有固定位置的神祇。供品、香纸等祭祀品准备好后，全家就开始祭神。首先要在院中全神像前点纸，再到正房中堂祭祀，祈求一年全家平安、五谷丰登，或祈求老人病体痊愈、儿女升学、经商发财。开始时，由一男孩或男主人点响鞭炮，一边响着鞭炮，大家一边焚纸祷告。每到一处，全家跪拜，放炮人还要补充磕头。一直把宅神（土地神）、门神、门外路口的路神都祭拜一遍，大年的神圣祭典才算完毕。古时有初一清晨到村外路口迎接神仙下凡的活动。湖北武汉地区曾有初一清晨首先开门出行，对吉神方向祭拜后再回来祭祀全神的习俗。除夕要迎神敬神，初一早上是最隆重的迎神祭神。

二、拜年

祭神后，要为长辈、兄嫂叩头，然后成年人都要去同祖同宗人家拜年。有些大家族，拜年时往往成群结队，同辈人一起串家进户，门里门外都是磕头拜年人，场面十分热闹喜庆。被跪拜的长辈就要拿出糖果、香烟或端起酒杯给晚辈用。有的小辈人拜年任务很重，到哪儿也是匆匆行礼之后快快离开，赶到另一处去磕

头。拜完同宗近支再拜远支，然后再拜同街同村异性长辈、亲戚、朋友及朋友的父母。改革开放以来，大年初一拜年习俗基本保持着，但拜年的范围有所减小，有的只拜同宗，有的只拜近支了。古时宗族都有家谱，人们还要到宗祠去行祭礼。现在少数地方仍有祠堂，大年三十这天就开始上香，直到正月十五才停止。

关于拜年的来历，相传唐太宗发现一些大臣之间有矛盾，但不知道用什么方法解决。魏征出主意说，让大臣们元旦互相拜年就好。他便按这个主意下令大臣们元旦早起互相拜年。开国功臣尉迟恭和程咬金不睦，二人通过拜年互相道歉，便和好如初了。从此大臣们年年互相拜年，民间受到影响也便拜起年来。事实上，自古中国人就有尊老敬老的传统，过年过节都要跪拜长辈、兄嫂。跪拜礼，是中国人眼里最为庄重的礼节。见面互相作揖，则是一般性礼节。过年跪拜神灵、先祖、长辈，在当今这个时代，只是表示了尊重程度之高，也不一定是什么落后。

三、吃饺子

除夕下午或晚上包好的饺子，初一早起祭神拜年

之后就下锅,也有的祭神之后先煮饺子吃了再出去拜年的。头一锅煮好后,首先要盛在碗中去上给神灵,放好饺碗也要磕头,这是起五更大祭祀的继续。然后端给老人,再全家同吃。在饺子中放铜钱、钢蹦或其他东西,谁吃到谁有福、一年顺利。这个习俗至今还保留着,但也有人把钢蹦吞了下去,造成危险事件。

北方初一的饺子、南方的糯米糕团,是人神共用的特定食品。从家庭角度说,这是每个人的一种神圣权利。如果家中有谁过年未能赶回,也要留上一碗等他回来再吃。

四、祭祖

元旦祭祖也是古风。正月初一吃完饺子就要上坟祭祖。如果家中、祠堂中有先人牌位,祭神后祭祖很方便。但许多地方不在家中设先人牌位,同祖同宗的男人们都要到野外祖坟上行祭。一般是烧化香纸,放上初一的饺子、点心,大放鞭炮。烧纸时要嘟囔给先人:过年了,来吃饺子,你的银钱要收好,要保佑我们后辈人健康、富裕、子孙绵绵。这和清明、中元、十月一的祭祀相比,多了大年初一的饺子和鞭炮。村

中喜欢放大炮的人，往往在上坟时过一回放炮瘾。但现在天气干燥，如何防火也成了现实问题。也有个别地方是在腊月二十三或除夕下午上坟，说是迎接已故先人回家过年。还有的是正月初三上午上坟，为已故先人庆贺新年。

五、压岁钱

压岁钱原先叫厌胜钱，也叫花钱。厌胜，就是抗拒鬼神的。压岁钱曾经是汉代的五铢钱，后来是各朝代的铜钱，民国后渐渐用纸币。长辈把它作为吉利品、避邪物和玩赏物交给孩子们，希望能保护他们身心健康、安然成长。这是长辈对子孙们的祈愿，也是尽到自己的家庭防后义务。压岁，意思是压祟，压住鬼祟。一般把压岁钱和糖果同时交给孩子们享用。此时可以形成家庭老少一起共享天伦的欢乐场面，进一步增加过年的团圆吉祥气氛。宋代时，还出现了压岁盘，盘里放有压岁果子，专让孩子们享用。

进入市场经济时期，人们手中的人民币也多了起来，生活条件得到了很大改善，过年放鞭炮十分盛行，给孩子压岁钱也越来越多，少则一二百，多者上千上

万,原来意义上的保护少儿平安成长内容变了味,被解释成孩子上学小饭桌钱、买书本钱,鼓励孩子将来考名牌大学的储备。这貌似好心,出手大方,使压岁活动出现实用主义、金钱崇拜的不良倾向。小孩们用压岁钱去玩游艺机、赌博、过网瘾更是误入岐途。大多数家长会把孩子的压岁钱没收存放,防止他们丢钱乱花钱,养成不良习惯,这样做还是很明智的。也有些利益关系,借过年给有权者的孩子压岁钱以进行物质报答或变相贿赂,这更使压岁钱产生了铜臭味道。

第五节 正月初一至十四

汉代以来,人们把正月初一到初七这几天都给了一个特定名称。初一为鸡日,初二为狗日,初三为猪日,初四为羊日,初五为牛日,初六为马日,初七才是人日。人日之说,有记载说是董勋改造了《旧约·创世纪》而出现的。但在民间传说女娲炼石补天后,这年初一觉得世界上太冷清,就用泥捏了只鸡,一吹气就活了,第二天又捏了只狗……到第七天时才捏了个泥人,这样世界上就热闹起来。古往今来,人们对

这些名称的来历很有兴趣,产生了一些民俗活动。

一、鸡日

把正月初一这样神圣、重要的日子定为鸡日、鸡的生日,猛然说来让人难以理解。查阅资料发现,鸡的形象,来自古代太阳崇拜。就是古书记载的"日中金乌"、"日中有金鸡"。考古发掘出的文物中,的确有太阳鸟的形象,这便是古人所说的金乌、金鸡。其次是在天空二十八宿中,昴宿定名为鸡,称昴日鸡。

古人说,鸡有五德,是德禽。它的五德是:头上戴着红冠,很文雅;两脚善于拼搏,是武德;"见失望拼命向前",不会回头就跑,就是现在人说的死鸡头不会拐弯,古人就把这一点看成了鸡的勇德;发现食物就招呼同伴来吃,是义德;"守夜不失时",是很守信用很可靠,为信德。还有十二生肖中,鸡也是其中之一,而且被民间认为是凤。属龙与属鸡的成婚,便被说是龙凤婚。鸡,也谐音为吉,鸡日就是吉日。鸡多产蛋,多子多孙,这也是人们所喜欢的一点。

二、狗日

狗日就是正月初二,是狗的生日。古人曾经说狗是"斗精所生",是吉祥的瑞兽。实际上与古代狗图腾崇拜有关。南方的苗族、瑶族、黎族、彝族就是以狗为图腾的。狗和鸡一样都是人类的好朋友,它们忠心耿耿,对人类的发展起过很大作用。这天人们给狗好吃的,也不打骂狗。

在一些地方是外甥给姥姥、舅舅拜年的日子,有道是"初二初三,外甥拜年"。初二初三也是姑娘回门的日子,或说归宁日。有的占用初四,据说寡妇才这天回去看望父母。南方又有初二是米娘娘生日的说法。说米娘娘是上天派来监督人类的,如果谁浪费粮米就会受到上天的惩罚。所以就有了初二祭祀米娘娘的风俗。主要是用稻米做成饭来供奉。这天人们要吃一顿大米饭,也是对米娘娘的纪念。

狗日又是财神的生日。相传财神有文财神、武财神之分。文财神就是商纣王时的丞相比干,由于受妲己陷害被挖了心,他就没有了私心,被封为财神就很公道。另一位文财神是春秋时越国的大臣范蠡。武财

神一般指商纣王时的赵公明,说赵公明是道教张天师的弟子,正月初二出生。他与姜太公斗法失败,封神时太公也没亏待他,给了他个肥缺。另一个武财神就是三国英雄关羽。关羽是忠义的典型,死后被尊为财神,公正廉明,有求必应。似乎南方供奉比干、赵公元帅的多,北方供奉关公的比例更大,因为关公是山西解州人。明清时北京就有些家庭或商号把三个财神供在一起,在正月初二财神节,热热闹闹地举行仪式。有的认为道教三官中的天官也是财神,人常说"天官赐福"便是。财神备受重视,各户独有他的神位,现在也常张贴财神年画。

三、猪日

猪日就是正月初三,相传正月初三女娲造了猪,后来成为人类饲养的主要家畜之一,也是人类所吃肉食的主要来源。古代猪写作"豕","家"字证明古时有人家必然有猪。后为十二生肖最后一位,传说是它太懒、太胖,走得慢,得了个最末。初三又称小年朝、赤狗日、天庆节。传说北宋大中祥符元年,真宗皇帝听说有天书落于人间,是祥瑞之兆,就下诏书放假五

日以庆祝。后来又称这天为小年朝。小年朝在清代时有不扫地、不打水、不起火的习俗,与大年初一的一些禁忌相同。因为这是大年后的又一个年朝,便和大年初一同等对待。

关于赤狗日的说法,古人认为这天赤狗下凡,遇上它不吉利,所以这天一般不出门、不请客,还要在家祭祀祖宗、祈求保佑。古时初三这天开井。过年时把井封住,让井神也歇一歇,初三才打开,但要拿着香火菜肴祭祀一次,然后人们就可以去打水了。南方又有初三是米王爷生日的说法,还有初三是老鼠娶亲的说法。可见正月初三的传说和习俗还很复杂。

四、羊日

羊日就是正月初四,是羊的生日。羊和鸡狗猪一样,对人类的生存和发展不可缺少。羊,即祥也,它是一个吉祥动物。有的家庭认为,有羊则吉。羊好喂养,吃草、喝水很简单,不挑剔。羊肉好吃,羊奶营养价值高,羊尿、羊粪是好肥料,羊皮可以保暖,羊头又是祭神的重要用品之一。它几乎全身是宝。

也有说这天是天上众神下界的日子,下午要准备

供品、香烛迎接。因为羊日就是吉祥之日，神仙下来会更为吉祥如意。这和全国性的除夕、元旦迎神相比，一定是地方性的习俗了。又说这天主要是祭祀土地爷。前面提到土地原来是社稷大神，在人们心目中地位很高，正月初四就再给他一个专门祭祀之日。而有的地方在初四这天敬灶王，说灶王这天要到各户检查，所以这天不出门、不招待亲戚朋友。这天都要给羊喂好草好料。

五、牛日——恨穷日

牛日就是正月初五，是牛的生日。牛拉犁拉车力气足，不出风头不叫苦，是人类农耕时代的主要助手，所以也被尊为牛王，或牛马王。

但在全国各地普遍认为这是一个恨穷日、放炮崩穷日。相传上古帝王颛顼的一个儿子身材矮小、穿着破烂，曾被宫中号称穷子。他死于正月晦日（腊月三十），民间曾有三十这天送穷的习俗，打扫室内室外的垃圾扔到猪圈或街上，就有送穷的含义。后来又说是送穷鬼。穷鬼有五，五穷就和初五相合，渐渐成为普遍公认的恨穷送穷日了。五个穷鬼就是智穷、学穷、

文穷、命穷、交穷,那么就要送走它们,此风一直盛行,但现在只说送穷不说送穷鬼了。古代产生了大量送穷的诗文,民间也有送穷的故事。关于正月初五扫炕土送穷的传说,在河北怀来县一带还有流传。也说是姜子牙把妻子封为穷神,就叫她穷神娘娘。她到哪里去都不受欢迎,扫炕土是扫她的,让她没有存身之地,只能远离家家户户。个别地方是初六为送穷日,也是打扫尘土、把垃圾扔出去为送穷。而现在城乡初五送穷,主要是大放鞭炮。传说古时候有弟兄三个,老大、老二日子富裕,小三儿却吃不饱穿不暖。这年要过年了,小三儿找大哥、二哥去借粮,没想到都不给他。他就大哭起来,惊动邻居们给他米面、年糕,算凑合地过了个年。这天碰到一个卖炮的,小三儿就把仅有的两个钱买了炮,回家就砰砰啪啪地放起来了,大哥、二哥听说三弟放炮很奇怪,就派孩子去打问。小三儿就说,我这是恨穷的,崩崩穷就好过了!两个孩子一听就回去报告,哥哥们便学着三弟的样子也放起炮来。这天就是正月初五。鞭炮声惊动了上天,晚上玉皇大帝就派观音菩萨送来了金蛤蟆,小三儿真的富了起来。从此形成了正月初五恨穷崩穷放鞭炮的习俗。

初五也为破五节。所谓破五,就是从元旦到初五为一个小阶段,对神的香烛可以减少,在外经商的人可以出行,需要种田的人可以下地。在河北、山西、山东一带,还有初五早上起来干活以恨穷的习惯,这是用劳动恨穷、送穷。古时也有初五敬五财神的古俗。古人曾经认为东西南北中都有一个财神,便称为五显财神。据说宋代时曾经把他们封了王,所以人们纷纷进行祭祀。沿海一带则认为下南洋的明朝太监郑和是财神,东北一些地方又认为人参是财神。这样看来,恨穷、崩穷、赶穷神和敬财神,是互为表里的祭祀活动,都反映了人们恨穷盼富的文化心理。

六、马日

马日是正月初六,就是马的生日。因为已经破五,各种禁忌减少了,人们活动就比较自由起来,开工的、开市的、外出的都方便起来。这也是古人的归宁日。亲戚朋友可以自由往来,妇女们可以出门。初二初三没有回门的女性,这天要回娘家探亲,娘家一方就有了接姑姑的习俗。这天,要祭马神,给马匹上好草好料,而且不打不骂。马,像前面鸡狗猪羊牛一样,对

人类的生存发展功不可没。马能拉犁拉车,能驮着主人出门,特别是在战争中跑得快,也不惜战场殉命。

马与猴、狐、蛇等动物一样是有灵性的,而且姿态优雅,在动物中风流倜傥。自古以来就是主人爱马、英雄爱马。宝马金刀是武将们所追求的。如果说有人不爱鸡、狗、猪、羊、牛,但几乎世上无人不爱马。人们对马既爱之,又崇拜之。许多人以马自喻,以马为榜样,以马为依靠。它更是人类精神的象征。进一步说,自古就有龙马之说,唐僧取经骑的白马是小白龙,所以有人认为中国龙的形象塑造来自于马,这也有几分道理,因为龙头龙尾有马头马尾的一些形象元素。

由于现在农村已经基本实现机械化,除了草原上,养马的风俗渐渐消失。即使是军马、骑兵也减少到有限的数量,只可供执行特殊任务或拍电影电视所用了。而人们对马的印象还是很深的,人们歌颂龙马精神,赞美宝马、千里驹的诗文是绵延不绝的。比如说一个县的经济情况好,就经常用骏马腾飞来形容。

七、人日

人日就是正月初七。相传远古女娲抟土造人是先

造了动物，才想造一个自己的同类，于是就捏了一个泥人，吹口气这泥人就活了。也有的说一下造了一男一女，让他们结成夫妻，繁衍了人类。初七是人节，古时曾叫人庆、人胜节、人辰日、人齐节，也叫七元。宋朝时，过年要在门上画只鸡，初七在床帐上贴纸人。笔者在河北藁城一带发现过年门口贴红纸鸡的现象，但没有看到贴纸人的，可能此俗已经消失。

七，谐音吉。民间有七七为双吉的说法，还有七的谐音为妻的观念，有七就是有妻室、有家庭了。每年的七月七天上牛郎会织女，是中国式的爱情节日。七，也有人认为不吉利。比如死人后要烧纸，七天一次，一直烧到七七四十九天。第一个七叫头七，第二个二七，第三个叫三七……第七个叫尽七。其中头七纸必须烧，五七纸更要烧，因为说死人灵魂犯在五阎王手里，凶多吉少，必须多送钱财才能保他平安。其实，自古以来七就是吉数，烧七七纸是按老喜丧角度形成的，人正常死亡，归入大地，灵魂上天，对本人和后代来说都是吉利事。

人日有许多古俗。南北朝、隋朝时要登高赋诗，还可以互相写诗寄赠。比如高适与杜甫是好朋友，高

适就在唐肃宗上元二年写人日诗寄给杜甫。由于杜甫当时没有接到诗信,九年后才写诗回信,而且写时泪流如雨,感慨万端。人日也是古人求子之日,剪绸缎为人形,贴到屏风上,或戴在头上,以乞生子。后来不是剪绸缎,而是剪纸人了。关于人日的食俗,现在没有特定的食品,也只是古书记载南宋京城一带用七种菜做汤羹,认为这种汤可以祛病避邪。

八、从初八到十四

古时正月十六前的每一天都有说法。前面从初一到初七说法很多,而初八到十四也有不少传说和习俗。这里做一个简要的介绍。

(一)初八。初八是一个放生日,主要是信奉佛道的人们要放生,把买来的鱼虾、鸟虫放回去,以表示行善积德。这天也是古人的顺星节。顺星也叫祭星,人们要祭拜顺星,以求安康福寿。这是一种星辰崇拜。祭星时还要点星灯,有的在道观里举行。民间还认为这天是青龙白虎节,青龙就是碾米的石碾,白虎就是磨面的石磨,人们要祭祀和感谢它们,是对劳动工具的尊爱,也是对发明劳动工具者的怀念。还有的说初

八是八仙节,这天要敬张果老等八仙。

(二)初九。这天又为上九日,民间说这天是玉皇大帝张坚的生日。因为他是至高无上的天帝,是三界之主,便称这天为天诞节、天公生。因为九字是极高极大,古代皇帝们也要敬祭玉帝。现在个别地方有正月初九玉帝庙会,便是这种古俗的遗留。

(三)初十。正月初十是石头节。石头对人类的生存和发展也不可缺少。石洞可以避躲风雨。尤其是在铜铁没有发现之前,石头、木棍就是人类劳动、打猎和自卫的重要工具。现在初十敬石头的不多了,但有人说,初十清早用水罐打上水来,放到一块石板上,冻一会儿一提罐绳,就能把石板也带起来,这是石头显灵了。石头为人类留下了丰富的古代信息,包括石山上的天书、岩画,陵墓的碑碣文字,以及用石头雕刻的各种人像、动物像和器物,为我们认识原始社会以来的历史提供了丰富的文物资料。所以我们要感谢石头。

初十或十二也是老鼠节。这天包饺子,说是把老鼠包了煮着吃,老鼠就不乱咬东西了。也有的说嗑瓜子是嗑老鼠眼,认为老鼠也应该有后代。这是天人合一观念的表现,承认人应当与动物共生共存,现在看

富有积极意义。民间剪纸中，还有老鼠娶亲（嫁女）的图案，褒扬老鼠的聪明机智，把老鼠人格化了，这也有人与自然的平衡观念。

在我国和日本，都有关于老鼠嫁女的故事。说是很久很久以前，天上的一棵枯草随风飘下来，落到了一个没有人烟的地方。后来这根枯草变成了一个老头，住在一个偏僻山村里，过着贫穷的生活。有一年的十月初十，老头上山打柴，一不小心斧子落到地上，把地上的一个洞砍开了，里面露出了一只小老鼠。小老鼠挺惊慌，老头就把小老鼠带回家，用法术把它变成一个可爱的小男孩。一眨眼几年过去，小男孩渐渐长大了。老头就想给他成家。一天，老头问男孩："我要给你娶个媳妇，你要啥样的媳妇呢？"男孩回答说："我要世界上最有能耐的媳妇。"老头在世上没找到，想到了天上的云姑娘，就问云姑娘："我找遍了全世界，发现云姑娘最有能耐，嫁给我家小子怎么样？"云姑娘说："我不是最有能耐的，我怕风，你找风姑娘吧。"老头又找风姑娘，风姑娘说她怕墙姑娘，老头又找到墙姑娘，墙姑娘说她怕地下的鼠姑娘。老头找到鼠姑娘，又同小子商量，小子一听就痛快地答应了。

于是老汉选了一个漂亮的鼠姑娘给小子做媳妇。鼠姑娘还要了一个条件，就是结婚那一天不能使刀，因为她怕人们剁菜的声音，老汉也答应了这个要求。就在正月初十这天，老汉又把小子变回了原形，为他举行了婚礼。从此以后，这个村庄每年在正月初十都不使刀，说如果使了刀老鼠就会把他家的东西咬碎。

（四）十一。这是古时的厕神日，相传是汉高祖刘邦的宠妃戚夫人被吕后剁去手足，割去舌头，挖去眼睛，打入冷宫，像喂猪一样残酷地虐待她。她惨死后，吕后也死了，大臣陈平、周勃等杀掉诸吕，拥戴汉文帝登基，才为戚夫人昭雪。又说玉帝同情她，就封她为厕神。也有的说十一是请紫姑日，紫姑生前是受气的小妾，被大老婆在厕所害死，冤魂不散，惊动了武则天，被封为厕神。现在这种习俗已经基本绝迹，但这天打扫卫生倒是很普遍的。

（五）十二。此时元宵节将近，城乡青壮年们都忙着为元宵节搭灯棚、排演节目，同时乡邻之间互相宴请，以叙友情，经商做工的人们也在餐饮间互相交流。今天虽然搭棚的不多了，但村民、市民排演节目，邻里、朋友、同行相聚，饮酒叙旧还是很普遍的。

（六）十三。相传这天是刘猛将军的诞辰。刘猛将军是驱蝗之神，或说是虫王。这天便是虫王节。我国是农业大国，必须战胜虫害。也因为北方干旱，蝗灾反复出现，理想的蚂蚱神、虫王等也就出现了。刘猛是宋钦宗时的大学士刘仲郾，他出使金国时不接受贿赂而上吊自尽，被人们赞美为刘猛将军。又说刘猛是南宋光宗时的武将刘宰，还说是元朝末年节度使刘承宗等。古时每逢正月十三这天，官府要派人到蚂蝗庙、虫王庙祭祀，说是迎猛将。

南方一些地方，也说这天是灯头生日。这天要在厨灶下点灯，称为点灶灯。这应该是元宵灯节活动的前奏。而京津冀一带，说这天妇女们不能动针线，动针线容易死丈夫，所以这天成为妇女休息日。

（七）十四。这天是元宵灯会活动的试灯日，也是临水娘娘（也叫顺天圣母）的诞辰。相传临水娘娘叫陈静姑，是唐代宗大历年间人。出生时有五条龙为她喷水洗浴。后来遇到大旱，陈静姑带着身孕上台求雨，不幸小产身亡，临死发誓要做神仙搭救难产的女人。曾经有一位妇女怀孕17个月不生，天帝就派静姑去助产，使母子安然无恙。从此她名声大振，被尊为临水

娘娘。相传过去每逢正月十四这天,村落中都要挑选多子多孙的中老年妇女,去为庙中的临水娘娘换上新衣,并且焚香化纸祭拜。

第六节　正月十五元宵节

正月十五元宵节,是我们中华民族最具特色的传统节日之一,又被称为上元节、元夕节、灯节,是春节系列活动的第二个高潮。有人认为,元宵节就是中国古代的娱乐节、狂欢节和情人节。此节已经有两千多年的历史,经历了从宫廷到民间、由中原到各地的传播认同过程。

一、元宵节的起源

有关元宵节由来的记载和传说,多达十几种。它起源于汉代的说法认同者较多。下面举出几种。

（一）**汉文帝定名元宵节**。元宵节是汉文帝刘恒上台后,为了庆祝消灭诸吕、恢复刘姓执政而将正月十五定为元宵节的。文帝是汉高祖刘邦的第二个儿子,他当了皇帝,深感创造太平盛世不容易,就把平息诸

吕之乱的正月十五日定为庆祝性节日，元宵就是元夜、元夕，是一年的第一个月圆之夜，定为元宵节合乎人们的愿望，也让人感到吉祥如意。这一夜京城不实行宵禁，百姓可以自由上街观灯游玩。

（二）**汉武帝提倡放灯**。相传汉武帝曾经久病不愈，请一个道士来下神。天上太一神（泰一神、太乙神）回应说，武帝的病不久就会好，愿在甘泉宫相会。不久武帝果然痊愈，心中大喜，便下令在甘泉宫建造太一坛，并于正月上辛日夜间大张灯火进行感谢祭祀，通宵达旦，盛况空前。这在司马迁《史记》、唐代欧阳询《艺文类聚》卷四中都有记载。后把上辛日改到正月十五夜，使元宵花灯燃放成为一大特色的真正开始。

（三）**汉明帝燃灯礼佛**。东汉明帝时，蔡愔从印度求得佛法回来，明帝就下令在正月十五佛祖神变之日燃灯，并亲自到寺院去张灯以示礼佛。据载，佛祖释迦牟尼神变显灵，是西历 12 月 30 日，即中国的正月十五。为纪念佛祖神变，这天就要举行燃灯法会。为表示对佛祖的尊敬和虔诚信仰，明帝要求士庶全民一律在这天张灯张灯结彩，唐代诗人崔夜曾有《上元夜》六首，其中有"神灯佛火百轮张，刻像图形七宝装。

影里无闻金口说,空中似散玉毫光"等句,描写的就是唐代元宵之夜燃灯火的灿烂情景。

(四)道教祭神礼仪。道教把正月十五定为上元节,七月十五称为中元节,十月十五又为下元节。合成为三元。吴自牧在《梦粱录》中说,这是"上元天官赐福之辰"。这天信奉道教的人们要给天官神过生日,祈求他来赐福,大街小巷灯火通明,各种形态新颖的花灯也不断出现,观灯赏灯者多如穿梭,于是便称为闹花灯了。一般情况下,同一座城池中的佛道两家活动各自进行、互不相伤,这样使元宵之夜的文化内容更为丰富,人们观赏的场面也更为热烈。

(五)学子入学要开灯。相传唐太宗时,为了鼓励儿童们读书,下旨要求每个儿童都要入学,入学的第一件事情就是开灯。即让每个学生带一盏花灯到学校,由教书先生一一给他们点亮,这象征学子们前途光明。到清末民初时,私塾还大都在正月十五前后招生开学,这与唐时元宵入学开灯习俗有关。后来都是年中入学,到第二年夏天为一个学年,开灯习俗就不存在了。

(六)古时火的崇拜、农业劳动和祭祀。远古人类火崇拜的演化发展,才是最遥远的元宵闹灯火的宿根。

远古时人们为了驱避野兽和恶鬼，便举火把为傩，年年春秋两次进行，这是元宵灯火活动的源头。古时农家养蚕，正月十五要点灯到田里去照天蚕，以祈蚕茧丰收，并且对丰欠进行预测，说灯火之色若偏红预兆天旱，偏白则可能有水涝。照天蚕之后要把所剩蜡烛藏在床头，认为这样可以对蚕桑生产带来好处。此俗主要曾在江浙闽等养蚕缫丝地区存在。后来照蚕灯盏花样越来越多、越做越精美，就形成了照天蚕闹花灯的娱乐性活动。现在少数民族中，还有火把节年年举行，便是古傩活动的遗存。

除此之外，民间还有许多关于元宵节的歌谣和传说。比如河北省隆尧县流传着这样的歌谣："正月里来是新春，家家户户闹花灯。花灯挂在大门口，消灾避难迎丰收。"为什么正月十五闹花灯呢？传说在一个大年三十的晚上，玉皇大帝想看看人间的景象，就和王母娘娘带着七个女儿打开南天门向下观看。看着看着，仙女们就入了迷，偷偷地下了凡。玉皇大帝知道后，马上派人捉回她们，严厉地教训道："人间怎比天上好？天堂有福你不享，下界人间灾难重，千万不能恋红尘。"七仙女说："我们看人间比天上好，山青水秀，

男耕女织,自由自在,我就是向往人间。"玉皇大帝听了非常气愤,下令把七仙女打入牢房,好好看管。其实玉皇大帝也知道人间比天上好,他不愿让人间的美好超过天上,怕引起神仙纷纷思凡,于是下了一道命令,要在正月十五派天兵天将去烧毁人间。七仙女听说这件事后,就偷偷地派人给大姐送了信。大姐听说后,就派人下凡把消息告诉人间,让他们在正月十五家家门口挂红灯,大放鞭炮。到了正月十五晚上,家家门口都挂上了红灯,还大放鞭炮烟火。一时间火光映红天空。玉皇大帝见人间真的起了大火,就让天兵天将撤回。这样人间才避免了一场大灾难。也有的说,玉皇大帝痛恨人类浪费粮食,派关公去把人间烧光,关公舍不得毁灭人类,就让人们正月十五点灯点火放鞭炮。玉帝一看人间起了大火,就以为关公执行了自己的命令。这样人类就保存了下来,所以至今人们十分崇拜关公。

二、元宵节习俗

由于历代宫廷十分重视元宵节。这天帝王要与民同乐,所以形成了一年一度的普天同庆,也带动了市

井演艺业的发展，造成了男女交游、谈情说爱的时机。所以有人说这就是我国古代的狂欢节、情人节。我国年俗的娱乐性质，如果说除夕、元旦就有，却远不如元宵节体现得最为充分。

（一）**燃灯观灯**。"火树银花合，星桥铁索开。"这是唐代宰相苏味道描写元宵灯火活动的著名诗句。自古以来，元宵节燃灯、观灯、闹花灯是其基本活动。那色彩纷呈的节俗，除了汉武帝、唐太宗、宋太祖时期的一些记载和传说外，还有唐玄宗时大造灯树灯轮灯楼，唐睿宗时架起的灯轮高20丈，镶金砌玉，悬灯五万盏。宋徽宗这个软弱误国却酷爱艺术的皇帝对放灯观灯活动兴趣更高，他下令在东京汴梁搭建灯山式的临时建筑，高达百丈，灯火万盏，灯期长达48天之久，创造了历史上鳌山灯之最。鳌山，就是高山的意思。他要亲自去观灯赏灯，还要为"仰观圣颜"的仕女们赐酒。花灯的制作也比唐朝更为精美，样式更是千姿百态，上街让人目不暇接，观之美不胜收。明太祖朱元璋开国后，规定正月初八上灯，十七落灯，连张十日，还诏令文武百官赐假十天。现在河北蔚县有正月十五拜灯山活动，就是把一盏盏灯放在一阶阶的

木梯上，傍晚有专人点燃，灯火就组成"五谷丰登"、"天下太平"等字样。已婚的女性都要到这里来祭拜，以求生子。

观灯赏灯和猜谜语是联系在一起的。古时花灯上都写有一些字谜、物谜，或配上相关的图画，以便于猜者理解。后来木板年画类的灯笼封上都有历史人物、戏曲故事，还在角落里放上些谜语，引起观灯男女竞猜，增加了观灯的乐趣。这种古俗至少在春秋时代就出现了，称灯谜为灯虎，猜灯谜为射虎，百姓们叫打灯虎。现在许多花灯上仍有谜语，常见的还有元宵节谜语有奖竞猜大赛，猜中有奖，猜谜者的积极性就更为高涨。

（二）舞龙、舞狮等文娱活动。既然元宵节被现代人看作古代狂欢节，就不但要有辉煌的灯火，还要有锣鼓之铿锵、丝竹之悠扬，要有多种多样的文艺演出。历史记载和今天的节目，主要有舞龙、舞狮、踩高跷、打霸王鞭、跑旱船、说书、唱大戏和一些现代歌舞。舞龙方面，陕西汉中地区有一种板凳龙，就是在一块长凳式木板上雕刻成龙的样子，一头为龙头，一头为龙尾，画些彩绸或彩纸为龙鳞贴上，下面安有三条龙

腿。舞动时,是两女一男穿红挂绿上场,两女舞龙头,一男舞龙尾,三个人密切配合就能舞出龙翻身、龙滚水等各种高难动作。浙江温州乐清等地盛行首饰龙,是龙灯的一种。样子像一条渔船,上面用竹子等扎成一只龙船形状,安上龙头和龙尾,中间龙身有五六层楼阁。在龙腑内点灯,又用绸缎扎出几百个人物,组成几十出戏剧。通过灯下的摇手可以牵动全部绸塑人物,让他们表演不同的动作,让观众感到妙趣横生。这是观赏性龙灯,只能固定在一处。温州还有灯板龙,就是把许多戏剧人物木雕放在长木板上,舞动时铜铃响起,很是动听。这可以抬着游村转巷。

关于舞龙、舞狮、跑旱船的来历,传说很久以前世上有一种凶恶的九头鸟。它吃猪羊牛马,饭量特大,还不住的啼叫,一叫就顺嘴流血。这血滴到房上,房倒屋塌,落到地上,寸草不生。要落到人身上,就会人身溃烂,瘟病蔓延。所以人们恨死了这种九头鸟,只是没办法除掉它。天上的火神知道了,便变成白胡子老头下来对人们说:九头鸟斗不过龙和狮,看到它们就害怕。你们要化装成龙、狮,还要不住地敲锣打鼓,因为它也害怕铜器响,听到敲锣打鼓更不敢落地。

你们还要到河里的船上，它的血滴到水里就不会闹瘟病。夜里，人们把做好的龙、狮身上都安上灯笼。九头鸟往下一看，还以为真龙真狮，就不敢往下落。人们还舞起了龙和狮子，一直舞了很多天。九头鸟就总也不敢落下来，又累又饿地死了。这一天，恰好是正月十五，后来人们便在这一天张灯结彩，耍龙灯、舞狮子，还把水里的船演化为地上走的旱船，形成了人人喜爱的文艺节目。

（三）**食俗**。元宵节主要是吃汤圆，也叫元宵。这天也吃饺子。还有瓜子、花生、水果等。关于汤圆的做法，是用肉馅、果馅、核桃仁、玫瑰、桂花、芝麻等滚上糯米面做成的。这是古人对天上繁星的模拟，也像蚕茧，所以也曾叫面茧，宋代叫元子、浮元子。关于元宵的诗文很多，也有一些相关传说。一个是说春秋时，楚昭王复国，过长江时见有白果子浮在水上，捞上来一尝很甜，却不知叫什么。问孔子方知这叫浮苹果，有复兴的意思。于是昭王就让人仿做，以红山楂为馅、白面为皮，叫作浮圆子或水圆。另一个是说汉武帝时有个东方朔，他见宫女元宵思念父母却不能回家，要投井自尽，就想了一条巧计，导演了火神爷

要烧京城、让元宵去做汤圆的活动,骗过了皇上,元宵姑娘才出宫与父母姐姐团圆。从此人们也把汤圆称作元宵了。

汤圆和饺子都是元宵节的主打食品,要祭送众神的。在北方这天首先要煮水饺送神,其次才是煮食汤圆。南方则首先吃汤圆,有条件或喜欢的才吃饺子。十五是年节的送神上天之日,过了这天各种祭祀就结束了,所以花灯、歌舞、餐饮都很讲究。现在的正月十五花灯会仍然存在,但由于安全保卫工作难做,一些大城市不敢轻易举行大型元宵灯会。但是吃水饺、吃汤圆,放鞭炮、礼花弹却比古代有增无减,城乡元宵文化气氛仍然浓烈。而正月十六要吃面条,有道是"上灯元宵落灯面,吃了以后望明年"。

(四)正月十五回娘家。正月十五回娘家的习俗在华北平原地区不少农村仍然保持着。比如河北望都县一带,传说古时有一个媳妇受婆婆虐待。正月十五这天媳妇一点火,婆婆的眼睛就看不见东西了,于是便把媳妇赶回娘家,一连两年都是这样。有些当了婆婆的女人,就怕自己的媳妇是丧门星,十五这天便让儿媳回娘家,说是火神不让媳妇在婆家,在婆家见火妨

婆婆、见灯妨公公。正月十五媳妇回娘家的风俗就时行起来。也有些地方,是新媳妇头三年正月十五要回娘家,也说是避免妨公婆。实际上那个婆婆得了夜盲症,病看好后就不再赶媳妇回娘家了。但为了防止公婆多心,现在不少农村还保留着这种禁忌性风俗。

第七节　正月十六烤火、丢百病

正月十六,这天一般把过年所剩的饭菜、干粮吃掉,开始用生米生面做饭。搭好的戏台、牌坊也要拆掉了。与十五相比这更是年的尾声。但也有的人家不过十五过十六,说是因为祖上有人外出没赶上初一、十五,到十六才归来,就年年过十六,送神仙上天和改善餐饮都在这一天。十六还要烤柏灵火、出门游走丢百病,这在太行山和冀中平原上还部分地存在着。

一、正月十六烤柏灵火

正月十六,一般认为这是元宵节的最后一天。元宵节一般挂灯、观灯三五天,如果三天就是正月十四开始、十六结束,最后这天的灯叫残灯,到十七早上

就把灯盏摘掉了。而在太行山一带,有正月十六晚上在街口、家门口点火的习俗。这种火用柴草,还用一些柏树枝,俗称柏灵枝。由于松柏是千年长青树,多栽种在山坡、寺庙、坟茔等处。民间认为柏树有神性,放上柏灵枝点火就能够祛病消灾,也把一年中的旧扫帚、炊帚和其他破烂东西放进火堆里去烧掉,大概是辞旧弃旧的意思。人们围在火堆四周说说笑笑取暖,还念着"烤烤手,手不疼"、"烤烤脚,脚不疼",或者是"烤烤脚收枣"、"烤烤屁股,收玉黍"……据说每年烤一回柏灵火,四季不得杂病。柏灵火也在志书上写为百龄火、百翎火。第二天早上扫灰烬,发现玉米就会玉米丰收,发现高粱会高粱丰收。这种习俗当前仍然在部分村庄存在,但天气干燥,引起山火的可能性较大,同时山场在绿化,柏枝是不能随意折取的。如何对这种节俗进行改革,需要进行研究和必要的政策规范。

关于柏灵火活动来历,有人讲古时一个缚笤帚的人,缚笤帚时不小心刺破了手,血滴到了笤帚上,但那些笤帚也被买走了。多年后,这个笤帚匠又常到这个村庄来卖花,总见两个好看的姑娘来买,拿上就说

去取钱，跑走却总不见人回来。最后他长了心眼，就跟踪她们到一座宅院，一看院里茅草丛生，一点人气都没有。他找啊找，在老屋里找到两个有血点的破笤帚，见上面插满了他的纸花。于是想到多年前扎破手的事，知道是笤帚见血成了精，就拿起笤帚狠狠一摔，笤帚竟然流了血，他又狠狠踏了几脚才走了。从此再没有见到两个买花不给钱的姑娘。所以后来人们烤柏灵火时就把家中的破烂扔到火里烧掉，以免它们成精作怪。在华北平原地区晋州、辛集一带，也有正月十二晚上点柏灵火烧破烂、烤身体、烤年糕的习俗。这都有祈求庄稼丰收、身体健康和祛邪避灾的意图。人们也还说，第二天扫灰烬时，找到什么粮食什么粮食就会丰收。

二、游百病和丢百病

关于正月十六游百病，冀北张家口地区有这种习俗。传说玉皇大帝要派瘟神到人间撒灾，瘟神有些不忍心，又不能抗旨不尊，他就变成一个跑江湖耍猴的，在一座县城外面打开了场子玩起来。城里城外很多人都来这里看热闹，瘟神就用一眨眼的功夫去没人的地

方撒病毒,这样就没有毒着人类,只把家家户户的猪羊鸡狗毒死不少,连老鼠也死了很多。人们回到家发现家禽家畜死了,一时不知道原因很害怕。突然有一个人想到,这是神仙搭救了我们。从此每逢这天人们就走出家门到外面去溜达,说是游百病,只要离开家百步之外,就会一年百病不生。还有一个相似的流传很广的故事,说是商纣王时宠妃妲己残害忠良,搅得天下不宁。终南山的广灵子就找纣王说,你的江山不稳,要除掉宫中的妖气,在宫门上挂一个柏枝吧。纣王一听很简单,就让人在宫门上挂了柏枝。妲己女是妖怪所变,一有柏枝她就头疼,可自己又破不了广灵子的法术,便大哭起来。纣王来了问情况,她就说你别听牛鼻子老道的一派胡言,快把那柏树枝子扔了,否则毁了我也就毁了你的江山。纣王对妲己言听计从,马上让人去把柏枝摘下来烧掉,妲己的病就好了。这天正是正月十六,后来人们就在这天扒柏枝烤火,认为这样能够避邪祛病。

第三章

龙头节

有人认为,过了二月二才算把年过完,这也未尝不可。本书还是把二月二单为一章来谈。俗话说:"过个大年,忙乱半年,正要消闲,赶上种田。"这是说过了十五元宵节和二十五填仓节,就要下地干活了。

二月二是龙头节,也叫春龙节、春农节或农头节。相传是远古时期伏羲重视农桑,每年二月二都要亲自扶犁耕地,以引导人们开始春耕春种。到黄帝、尧帝时仍然如此。武王建立周朝后更是大劝农桑,每年二月二举行春耕仪式,而且形成了一项国策。此时临近惊蛰节,中原一带春耕生产渐渐进入高潮,如果干旱就不能播种,所以希望老天下雨。伏羲号为龙师,而龙为百虫之首、部落图腾,人们就祭拜龙而希望天龙下雨。河北、山西一带有惊蛰响春雷的说法,春雷一响龙就要抬头,行云布雨,这样春种就能进行了。关

于龙头节的习俗有几种值得介绍。

第一节　引龙避虫

一、引龙

山西人叫二月二为青龙节，有二月二引钱龙的习俗。一般是在太阳未出之前。用草木灰从院外或井边撒一道灰线，一直通到家，围水缸一周，认为将龙引到家了。也有的是到河边或井上担水，水中放铜钱硬币，一路上摇晃不停，洒一条水迹至家，再连钱带水倒入缸中。钱，古称"泉"，即水，水中又放入铜钱或硬币，意味引钱发财。

河北蔚县几乎村村都有龙王庙，庙后都有水坑，这是人们天旱求雨的地方。二月二清早，家家都要把自家的水缸挑满，挑水过程中故意洒水，一直洒到家门口，意思是引龙入宫。如果挑的水里有小鱼虾就是接了龙种，将来这家要生龙子，就要召集乡邻庆贺，还要继续养着挑来的鱼虾。这风俗叫喜迎龙抬头。蔚县人还把二月二称做引龙节。

二、避虫毒

在晋南一带，这天煮蔓菁汤，将汤洒到墙角墙缝里，叫禁百虫。有的是用纸剪一个葫芦，葫芦上面画上蛇、蝎、蜈蚣、蛤蟆、蜘蛛等五毒，贴到墙壁或门上，叫避百虫。交城、文水一带是用红纸画剪刀和锥子贴到门上，叫斩百虫。有的是拍打簸箕，边拍边念"二月二，拍簸箕，虱子跳蚤不敢上炕"的歌诀，叫驱百虫。河北中南部地区二月二早晨撒草木灰引龙避虫时，有歌谣道："淋、淋、淋墙根儿，蝎子蚰蜒不翻身。"边淋边念，直到淋完为止。承德和东北一些满族地区，也有二月二引龙习俗，主要是用草木灰撒到各处，灰线弯弯曲曲像龙形，以此保佑一家平安。估计这是源于中原汉人习俗。

第二节　二月二食俗

一、食素

河北省赵县范庄龙牌会从二月初二到初四为会期，

期间一律吃素,连集市上也不许卖肉、做肉食。这样全村人就斋戒四日。

在蔚县庆祝龙抬头一般要三天,从正月三十到初二,以初二为正日。三天中,村民们不能吃荤,只能吃素,主要是面食、土豆、粉条、豆腐和菜蔬,包括烙饼、擀面等。有道是,吃了糖大饼,揭开龙皮日子甜;吃了龙须面,米面满仓整一年。但这天忌动刀剪、针线,怕伤了龙身,断了龙脉,刺瞎了龙眼。也忌吃带皮食物,比如核桃等硬果,怕生蛇皮孩子。

二、煎烙食品

在河北、天津、北京和山西部分地区,龙头节要吃黄米面做成的火烧,有的叫油饼。黄米是黍子碾成的米,再轧成面,蒸年糕就用它。这种面很黏软,先团成饼子蒸熟,再把它擀成片,放上红糖、豆沙或红枣泥,做成烧饼大小的圆饼,放到油锅里炸或在铁铛里煎熟,吃起来又香又甜。也有用黏高粱面做的,方法一样,但黄米面是最正宗的。

摊咸食。在石家庄一带,有"二月二的咸食——多摊"的歇后语,意思是说这时候都要摊咸食、吃咸

食的。咸食的原料，一般是白面，或者用杂面，再放些葱丝、菜心丝、红萝卜条，加水在盆中搅成糊糊状。然后在铁铛上擦油，用勺子舀糊糊，再摊抹均匀，一会儿便成为一块咸食。这种东西放盐不放糖，吃起来绵软而不腻。现在城市中，也有些人家早起摊咸食，因为很省事省时间，相当于家庭快餐。

摊煎饼（饼折、龙糕）。这是用小米面、玉米面等发酵后搅成稀糊糊，用勺放在煎饼锅中摊熟的。此锅直径大约七八寸，中间高四周低，摊成一张就折在一起，形成半圆状。中间可以放些菜丝、肉丝，叫菜煎饼。它在过年时食用，也在龙头节时食用。有的地方叫龙糕，和龙联系在一起，更有节日特点。

还有山东大煎饼、井陉大煎饼，其做法和上面相似，但煎饼鏊子是直径大约40厘米的圆形铁片，摊出的大煎饼很薄，面糊糊中放有五香粉，吃起来很香。熟后可以折叠几次，就像一块布的折叠形状。如果打上鸡蛋，放上油条，就叫煎饼馃子。山西寿阳等地吃煎饼、烙饼时，就叫龙鳞饼，又叫揻龙皮。吕梁山区中阳、离石一带要吃蒸角角，状如羊角，内中有馅，还要吃五色豆，把豌豆、绿豆、红豆和红枣等一起煮

熟，吃起来又香又甜又黏，健脾开胃。

各地在二月二时也普遍吃炒黄豆、爆玉米花。山西人俗称这是开花金豆、开花银豆。这天也普遍吃梨、吃面条，说吃梨败火，吃面条是吃龙须。晋南万荣县一带，要吃麻花，称咬蝎子尾巴。

上面各种食俗，普遍有迎龙避虫，希望一年平安、健康的含义。

第三节 祭龙仪式

引龙祭龙的方式，除了上面提到的，还有些地方要举行仪式，演出节目等。

一、迎龙祭龙仪式

我们是龙的传人，对龙最敬畏、最有情感。在全国各地普遍有龙头节迎龙祭龙的习俗。河北赵县范庄的二月二龙牌会就很有代表性。这个龙牌会，平时有十几位村民为会首，轮流在家中安放龙牌，并负责晨昏祭祀和香客接待。每逢龙头节前，都要与乡村干部结合进行活动筹备。当地村民几乎都是活动的志愿者，

不但在家中做供品，还积极参加全村统一安排的事务，比如抬龙牌、放鞭炮、主持祭祀、准备香客午饭、安全保卫等工作，都有人自愿报名参加。

龙牌会是供奉勾龙的。赵县人传说勾龙是共工之子，共工死后，他逃到这里安身，后被尊为社稷大神——土地神。勾龙使这一带风调雨顺，当地百姓便祀奉他。其迎龙仪式是二月初一，祭祀到二月初四。初一上午大约九时，金色木刻龙牌就被众人扛抬出来，在二踢脚为主的鞭炮声和各种鼓乐声中走上大街。前有数十面龙旗开路，又有本会会首家庭女性手捧祭品随后，龙牌披上红绸随行，后面则是十几支甚至上百支文艺、武术表演队伍，他们一路载歌载舞、展示技艺，浩浩荡荡，有一二里路之长。最后，迎龙队伍来到事先搭好的高大神棚中安放龙牌、祭品，开始由主祭人率领人们进行跪拜祭祀。之后是各敬龙团队先后到龙牌前进行艺术武术表演，并集体燃香纸跪拜。现在范庄已经建有龙祖殿，平时龙牌在大殿中安放，会首轮流值班。二月初一上午，就组成迎龙队伍，抬龙牌出殿，到村中各街道游行，仍然声势浩大，观众如云。

在冀南武安市长寿村,这天要抬龙王像到事先搭好的神棚内,让人们观瞻祭祀,但下午就把龙王像抬回庙中。

二、社火活动

社火来自春社、秋社祭祀。现在在山西新绛县一带,二月二有社火活动,与元宵节花会相似。主要是高跷、抬搁、肩搁、旱船、花鼓等。最有特色的是娃娃鼓车,拉车的、擂鼓的皆由儿童扮演。晋西北地区不少农村也讲究这一天大闹社火,垒砌"塔塔火"。晋陕豫交界的芮城一带,村民们大办社火。更有特色的是打击古朴的"撇锣鼓"。男子们在锣鼓声中,赤着上身,穿着土布大裤衩,有的背着铡刀,有的背着石磨,有的背着冰块,簇拥着诸多"神仙"在街上游行。晋中有些儿童则要在这一天放风筝、打秋千。晋南一带,有些人携带酒肴,到郊外游春踏青,围坐野炊。现在还有一些地方举行风筝节、秋千大赛等活动。

三、放鞭炮

现在,人们对龙的崇拜意识增强,对龙抬头的期

冀,更转向个人、家庭、集体兴旺发达、旗开得胜,所以如今在大中城市中放鞭炮的很多,可以与正月十五媲美。

第四章

寒食与清明

　　清明节是二十四节气之一,又是传统的具有悲情色彩的民族大节。此节一般在公历4月5日前后(农历二月底三月初)。清明与寒食节期很近。按周代规定,冬至后第105天为寒食节,而自然节气清明则在第二天或第三天。清明节的民俗活动主要是,怀念先祖、上坟祭扫,春游踏青、插柳植树。民间也称它为鬼节之一,其祭扫培土、插柳植树是春节上坟、中元祭祖、十月一送寒衣活动中所没有的。通过清明怀念先人、感恩承志,能够产生家庭、社会和整个中华民族的凝聚力、向心力,彰显我们的伟大民族精神,有利于全国团结统一、社会稳定。2007年12月,清明节被国务院确定为法定节日之一,并从2008年开始放假一天,与临近双休日组成清明黄金周。现在让我们一起追寻清明节几千年的发展演化过程和各种节俗。

第一节 寒食的起源

相比于寒食、上巳和三月三等古老节日,清明成为节日是最晚的,到唐朝时它才成为国家大节。但清明节把寒食、上巳和三月三的活动联系到一起,也像春节一样形成了一个清明活动系列。

一、周代的春社与禁火、改火

周代时人们不但有火的崇拜,还有大火星崇拜。那时人们认为天上的大火星是凶星,禁火可以避其灾难。对于火的使用,那时每年每季都要钻取新火,代替旧火,这成为当时国家和民间的一件大事。这样每年春社时节,要祭祀土地神,祈求一年丰收,还要统一禁火。换取新火前有一个停火禁火时间段,曾叫禁烟节,也叫寒食节。禁火期间只能吃提前准备好的冷食,不能点火做热饭。等禁火节一过,赐来新火才可以烧柴做饭。这种禁火、改火制度,当时有专门的官员负责,也有明确的改火用火规定。四季换火,曾经依不同季节用不同的树木钻取新火。这在《周礼·夏

官·司烜》中说:"司烜,掌行火之政令,四时变国火,以救时疾……春取榆柳之火,夏取枣杏之火,夏取桑柘之火,秋取柞楢之火,冬取槐檀之火。"又说:"司烜氏仲春以木铎修火禁于国中,为季春将出火也。"可见当时是摇着木铎,在街上发布禁火令。第二个原因,应当说是春天干燥,虽然那时比现在雨水多,但也相对干燥,禁火有利于树木生长,也能防止一些火灾。但是禁火又使全国各地冷落萧条,有了病人或来了客人也只能吃冷食,人们称之为寒食。所以说寒食节比春秋时晋国纪念介子推要早得多。

后来,规定每次禁火寒食期限为一月之久。因为时间太长,造成了"老小不堪,岁多死者"(《后汉书·周举传》),周举就书写吊文到介子推庙中祭奠说:"盛冬去火,残损民命,非贤者之意。"他的意思是来说明情况,征得介子推灵魂的同意,然后就告诉民众可以在必要时吃"温食"。三国时期,曹操体恤民情,曾经颁布《绝禁火令》(也为《明罚令》),规定"令到,人不得寒食。若犯者,家长半岁刑,主吏百日刑,令长夺一月俸"。这个命令得到了许多人的赞扬,但在习惯势力阻挠下未能完全实行,却也将寒食一月缩短为三

天,这就是一种历史的进步了。

唐朝时,寒食节还保留禁火改火之俗。每年寒食将尽时,就让很多人去钻火,谁若先钻出新火,就把火种献给皇帝,可以得到奖赏。赐赠新火,意味着官民开始新的生活。朝廷要举行赐火典礼,就是皇家把新火火种赐给群臣,表示对臣民的关爱。正如唐朝诗人韩翃诗云:"春城无处不飞花,寒食东风御柳斜。日暮汉宫传蜡烛,轻烟散入五侯家。"

二、介子推的故事

在山西一带,民众一直认为寒食节是由介子推死于绵山而形成的。春秋时,晋国大臣介子推忠心耿耿,曾经跟晋公子重耳逃亡国外19年。有一次重耳在大山中被困,几天吃不上饭,介子推就偷偷从自己腿上割下一块肉来给他吃。后来,重耳返回晋国即位,就是晋文公。他对随同逃亡的大臣们逐个论功行赏,却偏偏把介子推忘掉了。介子推也不争功,觉得应当离开主公了,回家就背起老母,来到今天山西介休县绵山隐居。晋国的老百姓对晋文公这种不公平的做法很不满,编唱歌谣为介子推鸣不平。晋文公知道了,立即

派人到介家去找。早没人了，回来向晋文公禀报说："听说介子推背着老母跑到绵山去了。"晋文公便派人上绵山去找，也没找到。他知道介子推很孝顺，心想我命人放火烧山，他一定会背着母亲下山的。于是晋文公下令烧山，大火一直烧了三天三夜。可是介子推宁可被烧死也不下山。大火熄灭之后，晋文公派人去看，只见介子推母子抱着一棵枯柳，已被活活烧死。晋文公后悔万分，便让人拦腰砍断柳树。从山洞中发现了介子推的遗书，是希望晋文公好好治理国家，让百姓安居乐业。晋文公一看更为伤心，在第二年介子推周年时便下令全国禁火，自己带头吃冷食。

这是将寒食节世俗化、人格化，为后人过寒食塑造了一位特定的祭祀偶像，而且宣扬了介子推不图个人名利地位而忠君爱民的崇高精神，成为后人心目中一个具有人格魅力的楷模。于是乎，"子推言避世，山火遂焚身。四海同寒食，千秋为一人"（唐代卢象诗）。现在山西介休市绵山已经成为一个旅游风景区，2008年清明前公祭介子推的活动很隆重。这是介子推、晋文公留给后人的福泽。

第二节 上巳节与三月三

上巳节、三月三,都是后来与清明节融为一体的老节。

一、上巳节

上巳节起源于很早,在周朝初年的春社活动中,就是上巳节的源头。因为那时的春社活动没有确定具体日期,后来在上巳日举行。上巳,就是三月的第一个巳日。此节固然有祭祀,但春游、踏青和娱乐、交往是主要内容,也可以把它看作古时一个娱乐节。

到魏晋时,上巳节渐渐固定在三月三日举行。主要活动仍然是踏青、祓禊。祓禊就是临河洗浴,以消灾祈福。这反映了人们沉闷一个冬天之后的精神调整需求。相传周时周公召集过一次曲水之宴。又在《周礼》中记载上巳日女巫进行驱鬼避邪活动。人们洗浴一次就觉得邪疾已去,会全年健康。三是东汉时人们乞求生育平安,妇女们便到水边洗浴,以除去疾病,生得贵子。同时兼有男女交往、野外游乐性质。从时

间上看，三月三与上巳日相差不远，固定一个时间便于君臣和民众参加活动。再说上巳的"巳"字，在篆字中呈蛇形，所以在十二地支中配以蛇的形象，称为巳蛇。古人也认为龙蛇同宗，蛇往往引喻着"子"的含义，这样上巳的意义就与上子、赏子类同。据说此时求子就很灵验。

晋朝时，有过曲水流觞的习俗。觞，指酒杯，流觞就是把酒杯放在水中，让它随波瓢流。本来是一种祭火仪式，但流觞与浮卵还有同型关系，是古神话中简狄沐浴吞玄鸟之卵而生商祖契的回祭，感谢上苍的赐赠。相传东晋大将军、大书法家王羲之曾经在会稽山的兰亭召集文人做曲水流觞游戏，后来他把活动中留下的30多首诗结成《兰亭集》，他亲自写了序言，成为千古名篇。古人在上巳时要采摘、观赏和祭祀，故有秉兰之说。兰花是长在水边的香草，上巳日摘赏兰花就是消灾守洁的方式之一。兰花也是香料，洗浴中不可缺少。秉兰也有河边采摘花草以求生子的意思，那么上巳、三月三的踏青、采摘活动就被赋予了生命意义。

二、三月三祓禊与歌会

上巳在南北朝时主要以祓禊、登高和曲水流觞为主。到唐代则是携带酒水出游、踏青聚饮为主。那时新科进士要参加"曲江游宴"。宋元时又出现"水上迎祥之乐",明清时又侧重于春游,有"寻春直须三月三"之说。这个节日,王公大臣、文人墨士们最为喜欢,民间青年男女也是十分喜欢的,古时在京城四郊都有许多天然游乐场所,人们出游很方便。三月三时,是我国温带地区杏花、桃花、迎春花、梨花次第开放的时候,人们来到郊外村外,看百草萌生、花儿丛丛、蜂飞蝶舞、春鸟鸣啭,自然要产生许多仲春的感慨和明丽的诗文。

上巳节传到少数民族地区,形成了以游乐为主的三月三。各民族也有了自己的名称。比如壮族把此日叫作歌节,为了纪念歌王刘三姐又称为歌仙会。侗族要在这天抢花炮、斗牛、对歌,叫做花炮节。还有黎族、畲族、布依族等都有三月三活动和名称,而且不像汉族人把三月三淡化了。

上巳节固定于三月三,又与寒食、清明两节融合

在一起,这经历了漫长的演变合流过程,所以说这是清明活动系列。既然合流了,唐玄宗下令全国士庶寒食扫墓,并顺应民意承认清明,规定此时全国放假四日,这是在时间上能够使三月三、寒食、清明连成一体的重要条件。既然合流了,那么寒食、清明的扫墓祭祖与上巳、三月三的祓禊、踏青等娱乐活动就揉成了一个整体,在这几天中随意安排吧。

三、王母娘娘生日

我国许多传统节日,先后受到了道家学说、道教教义的影响,有的甚至直接被道教利用起来,为宣传他们的教义,吸引、联络更多教徒服务。春节的全神像中主要是道家神仙,三月三活动也为道家所用。特别是,他们宣传三月三日是天上王母娘娘的生日,王母娘娘要在这天举行一年一度的蟠桃大会,八方神仙们都要去为她祝寿。还产生了孝子白猿偷桃、上天见王母娘娘受封赏和孙悟空蟠桃会饮醉的一系列故事。在河北赵县梨林地区,流传着雪花梨来历的传说。说是王母娘娘在蟠桃会上吃了一个仙桃,便把桃核随手一扔,那核竟然掉到人间来,生根发芽,长成了雪花

梨。又说是八仙之一何仙姑带来了仙桃核,所以赵县的雪花梨又甜又脆,远近闻名。各地民歌中,一提到三月三,经常把它与王母娘娘联系起来,强化了她的特定主角地位。在一些道观中,也有王母娘娘蟠桃会的图画出现。现在看,把三月三与王母娘娘联系起来,是丰富了三月三的文化内涵。

第三节 庙祭与上坟

我国的传统节日中,可以分为神节、人节、鬼节三大类。在鬼节中,有清明、中元和十月一寒衣节,这都是上坟祭祖的特定日期。但中元节不仅仅是祭祀先人,很大程度上是广泛关怀孤魂野鬼。十月一和清明节是单独祭祀祖先和已故亲人的,表现出了较强的感恩、怀念和继志的人文特点。

一、慎终追远观念与祭祖

祭祖活动,表现了人们有灵魂观念,也表达了人们对民族先人、家庭已故亲人的情感。这在古商周时代就很受重视了。春秋时期,孔子曾经总结性地说道:

"国之大事,惟祀与戎。"意思是说,祭祀先祖和天地众神,与武装保卫国土是两件国家大事。他还就祭祀先人说过:"生,事之以礼;死,葬之以礼","事死如事生"。意思是说,后人要在长者生前尽心尽力的孝敬,死后也要同样尽心尽力地侍奉。这便是儒家所倡导的孝道精神。儒家对一般鬼神采取存而不论的态度,而对于祭祖却格外重视,大加提倡。现在看来,这不是处于对灵魂的信仰,而是处于对后人的道德教化。所以孔子又这样说:"慎终追远,民德归厚矣。"就是说恭敬地追思已故的先人们,民众的道德风俗就会很淳厚了。后来历代帝王为了培养孝子和忠良,一直在大倡孝道,所以清明扫墓祭祖就既是怀思先人,更是每个活人的人格、道德水准的表现了。唐宋时,朝中大臣每逢清明都要回故乡祭祖,有的远在千里之外,来往需要一两个月,但朝廷也没有理由拒绝,甚至还要加以褒奖。

这里有一则关于上坟祭祖来历的传说:汉高祖刘邦打败西楚霸王项羽、建立大汉政权之后,就荣归故里沛县。到家第一件事,就是去父母坟上去祭拜。由于那时连年战争,他也多年不能回乡,到坟场一看满

是杂草，墓碑断裂残缺，怎么也找不到父母坟头了。他便拔剑割下一截衣袖，向空中一抛喊道："爹娘在天有灵，如果衣袖落到哪个坟头上，连风都吹不走，那就是爹娘的坟墓！"果然有一片衣袖落在一个坟上，大风怎么也吹不动。刘邦过去仔细一看，果然有父母的名字刻在碑上。这样他就祭祀了父母，又命人重新整修父母坟墓。自此之后，当地人纷纷效仿，扫墓之风就兴盛起来。也有人说这是明太祖朱元璋遇到的事情，讲朱元璋为了辨别坟头，让人们都去上坟烧纸，没人烧纸的坟便是自己父母的了。帝王做出了榜样，清明上坟烧纸的风俗便形成了。

二、从庙祭到上坟

古时实行土葬，人死后要殡埋。最早只挖坑埋下填平，不留痕迹。从《周易》等文献来看，的确那时人们埋人不筑坟丘标志，是"不封不树。不积土为坟，是不封也；不种树以标其处，是不树也"。那时祭祀先人都去庙里，堆坟觉得无用。但也有一部分人感到先人埋葬之处应有记号，所以《周礼》中又说，"成葬而祭墓为位。"可见周代是埋人习俗新旧交替的时代。到

战国孟子时,他记述了这样一个故事:一个爱面子的穷人总是吹牛,每天回家都有一身酒气,还向妻子炫耀是有钱朋友请客吃饭。时间长了妻子心中生疑,就偷偷跟踪,发现丈夫是到墓地之间进行乞讨,专吃人家祭祖的供品。由此可见,至少在战国时期已经形成了埋人筑坟、上坟祭祀的习俗。但这时家庙祭祀仍在盛行,大概是家庭富裕或地位较高的人家才能修成家庙家祠而祭祀,一般百姓恐怕都要直接上坟了。同时也应当想到家祭,不能盖庙却可以设有牌位,清明节时在牌位前祭奠很方便。到汉朝时,上坟祭祖已经十分普遍,好多人既有庙祭,也进行墓祭。

上坟祭祖习俗的出现,与古时社日习俗很有关系。春天社日祭祀经常在春分前后举行。这是祭祀土地神,除了希望庄稼丰收,还可以祈求保佑自己的祖先,两者合在一起也很正常。因为庄稼在地上,死人埋在地下,都是土地爷管辖的范围,所以才有"成葬而祭墓为位"的记载。为了表示对土地爷的尊重和感谢,古时曾经在坟墓左侧为其设祭。这便有上坟祭祖来自春社活动的说法。

唐玄宗在开元二十年(732),大胆打破古人的祖

制,以法令形式让寒食、清明并重,把上坟扫墓归入"五礼"之中,且从此"永为恒式"。这便使清明祭扫成为祭祀祖先的主流礼俗,标志着清明节被国家法定化。到唐代宗大历年间,又规定清明时放假五日,比以前更进了一步。但笔者发现,至今晋冀豫农村仍然称清明为寒食,可见寒食之称在民间印象很深。

清明祭扫的具体时间,这在历史上也有变化。但现在大多数地方是节前十日、五日至清明为止。个别的地方或僧侣只能在清明这一天,或于清明后三天进行。除了祭祖,在江浙一带农村还有祭蚕神的习俗,传说蚕神是道教玄明真人所化。

第四节　清明节习俗

几千年来,寒食、清明为我们留下了许多节俗。除了前面提到的祭祀等活动外,还有踏青、插柳和一些娱乐性的习俗,也值得我们做一次回顾。

一、踏青

清明踏青活动,在宋代曾经出现过张择端的长卷

《清明上河图》,成为历史上清明活动的艺术经典。但清明踏青活动可以一直追溯到孔子时期,那时就有踏青和野浴的户外活动。

宋代有关记载和描述更多。如欧阳修在《阮郎归》词中写道:"南园春半踏青时,风和闻马嘶。"吴惟信在《苏堤清明即事》中写道:"梨花风起正清明,游子寻春半出城。日暮笙歌收拾去,万株杨柳属流莺。"这是文人墨客们在踏青游乐中写下的切实感受,成为清明诗文中的名篇。从中可见,踏青中往往有野宴、弹唱等活动。

二、戴柳、插柳和植树

古时清明节要采柳条编成圈戴在头上。说此时戴柳圈可以免虿毒。那是因为介子推母子抱着柳树被烧死的,戴柳插柳就是为他们招魂,同时有驱疫避邪、生机勃勃之意。古人也认为插柳能顺阳气。唐中宗时曾向侍臣赐柳圈,表示对臣子的关爱。宋朝时京城人在门上插柳条,叫作明眼,这天孩子们也必须戴上柳圈,说是防邪避毒、不闹杂病。清代、民国时也有插柳戴柳的习俗,有的竟然把房檐插满,显得青青可爱,

生机勃勃。

古人早就有寒食、清明植树的习惯。但近代植树造林提倡最早的是清末左宗棠,他带领部队在西北行军中边走边栽,形成"左公柳",一直被后人所称道。孙中山又是一位植树倡导者。他青少年时曾在家乡种桑树,创立兴中会时提出中西部植树造林计划,后在《建国方略》中又描绘了造林蓝图。1915年,北洋政府把清明节定成植树节,是我国最早的植树节。1925年3月12日,孙中山病逝后,国民政府为纪念他,于1928年3月1日号召在总理纪念日植树,同年又确定3月12日为"总理逝世植树节"。新中国成立后更加重视全国绿化。1979年3月由全国人大通过决议,仍然以3月12日为植树节。现在每逢植树节、清明节,党和国家领导人都要带头去植树,各媒体纷纷报道各地植树造林活动情况。

当前,中央文明办等单位大力号召清明改革,提倡文明祭祀和植树造林。文明祭祀方面,包括网上著文祭祀民族人文始祖伏羲、女娲、炎帝、黄帝等,也有不少人网上设灵堂祭家庭先人,配以悼文和诗词,大多感情真挚,所以点击率也很高。在坟前烧纸,引

发火灾日多,提倡坟头压纸,或在家中设牌位以祭祀。

三、荡秋千、放风筝

荡秋千是春秋时北方山戎人的发明,后来齐桓公北伐山戎后带回了这种游戏。在云南拉祜族中也有相关传说,富有神话色彩。秋千在南北朝时传到长江流域,成为寒食清明前后的一种游戏。南朝梁人的《荆楚岁时记》中记载:"春时悬长绳于高木,仕女衣彩服坐其上而推引之,名曰打秋千。"到唐代打秋千风俗更为流行,唐玄宗时每年寒食前就竖起许多秋千架,让嫔妃宫女们尽情玩乐。宫女们身穿彩衣,随秋千凌空上下,宛若仙女,唐玄宗看得入迷,便称为半仙之戏。有词写道:"红杏香中歌舞,绿杨影里秋千,东风十里丽人天,花压鬓云低。"元朝时,此活动仍在宫廷内外盛行。

放风筝。风筝,是中国古代的一项发明。最早的风筝是用木头做的,叫木鸢。据《韩非子》记载,大约在公元前 400 年时,思想家墨子就曾做过木鸢。墨子早年当过木匠,传说赫赫有名的木匠祖师鲁班就是他的学生。《淮南子·齐俗》也记载:"鲁班墨子,以

木为鸢而飞之。"这就是世界上最早的风筝了。相传楚汉相争时,韩信令工匠赶制一只特大风筝,让一人坐上飞到楚营上空唱起了凄凉婉啭的楚歌,引起楚军应声唱和,从而涣散了军心,被韩信打得一败涂地。西汉时用丝绸做风筝,改名纸鸢。也称为风鸢、纸鹞、风禽、鹞子等。宋代时民间放风筝已经风行,专营店也多起来。现在每到春冬时节,城市广场都放风筝,清明时还举行风筝大赛。山东潍坊国际风筝节,成为世界风筝大赛的著名节日,其风筝多是尼龙布等所做,有的似降落伞之巨大。

四、食俗

早在先秦两汉时期,寒食长达一月,人们吃冷食主要是大麦粥。从晋朝以来,冷食品种不断增多,制作方法也更讲究。比如在当时孙楚的《祭子推文》中有"黍饭一盘,醴酪二盂"。即颗粒黍饭、甜酒和牛羊乳汁做成的半凝固奶酪,或者是果子仁做的糊状物。还有粳米、白面等做的食品。唐宋时吃饧粥仍然很盛行,但也出现了麦糕、乳酪、乳饼、面筋、豆腐以及冻肉、腊肉等,应节食品丰富起来。春天时要吃香椿

拌面筋或柳叶拌豆腐。明朝时,寒食可以公开生火做饭了,饮食就更为多种多样。以下几种民俗饭是富有特色的。

子推燕。在北方应节食品中,有一种子推燕,是用介子推的名字命名的。宋朝时,人们用面粉和枣泥捏成燕子模样,用柳条串起来挂在门上,以召唤介子推的灵魂,故称之为子推燕。陕北榆林、延安清明时则蒸子推馍,也叫老馍馍,像古代武将的头盔,大到半斤至一斤,里面包着鸡蛋或红枣,上面有个顶子,顶子四周贴面花。面花是用面做的燕、虫、蛇、兔或文房四宝。这是给男人们食用的。而女的吃长形的梭子馍,未婚姑娘吃抓地髻馍。孩子们吃燕、蛇、虎等面花,男孩们最爱吃虎。此俗至今还在流传。

青团。在南方的应节食品中,江浙一带吃青团很有特色。相传太平天国李秀成兵败被清军追杀,就装扮成农民张三赶牛犁地才躲过了清兵的追捕。但清兵在村里设兵搜查,他不能进村,却饿得难受,就让张三给他找吃的。张三看见艾草灵机一动,就把艾草煮烂加上糯米,蒸出青光光的团子给李秀成送去,李才

吃饱了肚子。此事传扬开来，就成了清明时的一种新食品。后来制作方法更多，也更好吃了。江浙一带清明也常吃红藕等。

润饼。在闽南一带清明吃润饼，也称春卷、春饼。做法是以很薄的面饼为皮，以青菜类如豆芽、韭黄、芹菜、红萝卜和豆干、肉丝等切成丝为馅，撒上糖粉、海苔酥等粉末卷成筒状就可食用。

馓子。本名寒具，源于魏晋时期。馓子是油炸面食，酥脆可口，有的撒上芝麻更好。在《齐民要术》中说是环饼。现在南方、北方和西北维吾尔族、回族中仍有这种食品。

清明螺。在南方，清明时螺蛳还未繁殖，最为丰满肥美，素有"清明螺，抵只鹅"之说。清明吃螺肉叫挑青，吃后将螺壳扔到房顶上，说发出的滚动声能吓跑老鼠，便于养蚕。可带壳炒食，也可煮熟后挑出螺肉凉拌或炒食。

节蛋。清明吃鸡蛋，被称为吃节蛋。节蛋一般分两种：一种是画蛋，是将鸡蛋、鸭蛋煮熟后，用茜草汁作为染料，在蛋壳上描绘花卉。过数日将蛋壳剥去

后，蛋白上便显出蓝色的花纹图案，煞是好看。另一种则是雕蛋，是将鸡蛋、鸭蛋煮熟后，先用笔在蛋壳上绘上花纹图案，然后用刀雕刻，将整只蛋镂空，再将蛋清、蛋黄依次取出。其雕工之精细令人赞叹，既可以吃，又可以观赏。

第五章

端午节

五月初五是我国端午节，也称重五节、端阳节、天中节、午日节、草蒲节、解粽节、浴兰节、女儿节。俗称五月节，冀豫等地还称为"五月单五"。按照古代干支纪年，五月为午月，五月初五即午月午日，所以称之重五或重午。端为首次、第一，所以称端午。五为阳数，所以也称端阳。此日接近一年的一半，所以又称天中节。古时，是日少女须配戴灵符，头簪榴花，极尽美艳之姿，所以也称女儿节。唐初该节名称多混用。由于唐玄宗生于八月初五，为了避讳，就正式将此节定名为端午。

许多大节都是吉月吉日，唯有此节在古人眼里是恶月恶日。这与夏商周时期的夏至节驱邪避毒活动有关，也与龙图腾崇拜等习俗有关。随着历史的发展，此节越来越成为纪念先贤的重要节日，伍子胥、屈原、

孝女曹娥等都是端午祭祀的对象。有关节俗,南方江河水系较多的地方要赛龙舟、饮雄黄酒、吃粽子。北方水系少,也普遍要吃粽子。抗日战争时期,郭沫若曾在端午节联络一批爱国诗人成立了诗人节。建国后诗人们还经常举行端午诗会,抒发热爱祖国、热爱家乡的壮丽情怀。作为国家非物质文化遗产保护项目,端午节在人们心目中日益凸显。2005年春,韩国抢注端午祭引起了国人的关注和愤慨,也因此产生了强烈的民族文化自尊和自觉,对此节和所有民族节日更为重视。

除汉族外,现在还有满族、蒙古族、藏族、苗族、畲族、彝族、锡伯族、朝鲜族、土家族等28个数民族都过端午节,但风俗有异,名称也有所不同。

第一节　端午节的历史形成

端午节形成的历史文化因素很多,夏商周三代夏至习俗是它的主要来源。那时人们要在盛夏保证身体健康,就要佩戴香袋、缠五色丝,在门上插艾草和菖蒲以止恶气,还有一些文体活动。端午节就是一个古老的避毒保健节,后来又渐渐转化为一个爱国节、孝道节。

一、夏商周时期的植物避毒、送瘟神等

不少人认为,端午是从原始驱邪仪式基础上发展起来的。

南方还有句俗话说:"枇杷黄,医生忙。"夏至前后,天气越来越炎热,南方疫情进入高发期。人们要饮用雄黄酒,还要用艾叶煮水沐浴,插戴菖蒲、艾蒿、石梅花、山丹花以及蒜头等以防瘟疫。这些东西都是传统中药,有祛寒生津的作用。

那时人们送瘟神常用巫术手段。巫术手段很多。北方要放飞带有"厄"字的风筝,而在江南水乡则习惯用船载。即用纸叠成小船,将瘟神偶像放入船中,点燃纸船后,让它顺流而下,说这样会把瘟神带走的。另一种方法是将瘟神放入木船,摆上粽子等供品,然后由人划船将瘟神送走。如果是许多人家或许多村寨同时送瘟神,就会争先恐后,力争将本家或本村瘟神尽快送走,于是出现了龙舟竞技的场景。

二、夏至与地腊

也有人认为端午节起源于夏商周时期的夏至节和

道教中的祭地腊活动。上古之时，人们以夏至（坤日）与冬至（乾日）为一年的两大节日。而夏至节是商历的新年，殷人曾以"大火，昏见南中"的夏历五月为岁首，五月五日为腊祭日期。西周至汉代，历法运算日益精密，夏至不再定于五月初五，遂与端午分为两个节日。但直到晋代，五月五日仍称"地祇节"。地祇就是指地上的神仙，地腊便是对地祇的腊祭。《道藏·岁书》云："五月五日为地腊，五帝校定生人官爵，血肉盛衰，外滋万类，内延年寿，记录长生。此日可谢罪，求请移易官爵，祭祀先祖。"唐代人韩鄂将端午解释为"日吐正阳，时当中夏"，意思是只有夏至时，太阳才完全合于正阳之位。西晋周处的《风土记》中又说："俗重此日，与夏至同。"可见那时过端午与夏至一样重要。

三、龙图腾说

闻一多先生曾在半个多世纪前就拿出了很有学术分量的《端午考》。其中说，端午节是我国古代吴越民族举行龙图腾祭祀的节期，又进一步说"端午为持龙图腾崇拜民族的祭祖日"。这个判断很有道理。因为古

时我国长江流域和江南地区五月江水暴涨,人们就把避水抗灾、五谷丰收的希望寄托在龙的身上。据闻先生考证,当初有五个以龙为图腾的部落一起选定吉日,以五月第五天为祭祀日。我国还有数字崇拜习俗,一般以"一、三、六、七、九"等叠日为吉日。根据现在考古情况来看,长江中下游地区挖出了大量几何印纹陶和一些石器,专家推断这属于新石器时代晚期、先秦的以龙为图腾的百越族的器物。因为古百越族生活在水乡,有断发纹身的习俗,他们自比为龙的子孙。直到秦汉时期,大量百越人在浙闽山区生活,其节俗还在他们祭祖时出现。

第二节 勾践、伍子胥、屈原、曹娥等人的传说

时运交移,社会生产力和医药技术在发展,端午节驱邪避毒活动越来越与历史人物关联到一起。有的说端午纪念治理洪水的帝王夏禹,有说纪念春秋时越王勾践、吴国伍子胥或说是介子推的。认同程度最高的,是说纪念战国时楚国大夫屈原和纪念东汉时孝女曹娥的。关于纪念夏禹一说,有关古代信息很少,今

天习俗也很少。山西一带说是纪念介子推的,别的节日也说是纪念他的,是箭垛式历史人物被泛化。窃以为,介子推可能只与寒食节相关联。

一、关于勾践、伍子胥、屈原等

(一)纪念勾践。相传春秋时,越王勾践曾经在江海操练水军,形成了龙舟竞渡的习俗。有一个故事说,勾践被吴王夫差打败后,出于韬晦之计主动来到吴国,过了三年非人的生活,骗得了夫差的信任,最终保全了性命,被放回越国。回去后便卧薪尝胆,立志报仇雪耻,于当年五月五日成立水军并开始严格操练。几年后,越国强大起来,一举打败吴国报了灭国之仇。人们为了彰显勾践自强自立、坚韧不拔的精神,就学着越国水师的样子在五月五日这天举行划船比赛。此事在《越地传》中有载。隋代、宋代学者也都认为端午节起源于古越国勾践之时。又有说端午节是纪念吴王夫差的,因为夫差曾经使吴国十分强大。

(二)纪念伍子胥。这种说法,至今在江浙一带很有影响,几乎妇孺皆知。伍子胥,名员,楚国人。因楚平王杀死了他全家,只身逃过韶关来到吴国,受到

吴王阖闾的重用。阖闾死后夫差继位，伍子胥仍然为相。由于越国范蠡等人的离间计、美人计，吴国大臣伯嚭贪婪受贿，一再为勾践说情，使夫差失去了对越国复仇的警惕性。伍子胥忠君爱国，看清了勾践委曲求全以待复仇的野心，强烈阻拦夫差放勾践回国，否则便是放虎归山。但夫差不听老相的逆耳忠言，相传他五月五日这天送给伍子胥一口宝剑，让他自裁。伍子胥接过宝剑，不由仰天长叹说，吴国很快就要亡了，你们把我的头挂在城门上，让我看着这一天的到来，然后自刎而死。不久，勾践果然出奇兵灭掉了吴国，证明了伍子胥的预言。人们为了纪念这位爱国忠良，便在他的忌日祭祀他。

（三）屈原。大概自唐代以来，在全国流行最为广泛的说法便是纪念战国时楚国大诗人屈原了。屈原（前340—前278），名平，字原，是楚武王熊通之子屈瑕的后代，芈（mǐ）姓。战国时期杰出的政治家和爱国诗人。他的事迹主要见于司马迁《史记》中。屈原于楚威王元年正月十四出生于当时的丹阳，即今天的湖北秭归。他一生经历了楚威王、楚怀王、楚顷襄王三个时期，主要活动在楚怀王时期。此时七雄争斗，

秦楚强大,"横则秦帝,纵则楚王"。屈原因出身贵族,又明于治乱,娴于辞令,20多岁就深受楚怀王的信任,被封为左徒,"入则与王图议国事,以出号令;出则接遇宾客,应对诸侯",朝廷一切政策、文告,皆出于其手,是楚国内政外交的核心人物。在《史记》中记载,他得志不久就受到怀王的小儿子子兰、上官大夫靳尚、宠妃郑袖等保守派的嫉妒和反对,这些人不断在怀王面前说他的坏话。怀王便渐渐疏远了屈原,并罢掉了他的左徒官职,让他去当一个闲散的三闾大夫,掌管王族昭、屈、景三姓的事务,宗庙祭祀和贵族子弟教育。屈原遭受政治冷遇不变其志,写诗抒发自己探索楚国发展道路的情怀。如"路漫漫其修远兮,吾将上下而求索",表达了他对祖国的耿耿忠心。秦国突然攻占了楚国八城,又派人请楚怀王到秦国去议和。子兰、靳尚等人鼓励怀王前往,只有屈原识破了秦国的阴谋,冒死进谏。但昏庸的怀王不听,却把屈原逐出郢都。怀王一入秦境就被囚禁起来,这时才后悔未听屈原的忠言,但已成笼中之鸟。三年后,他在秦国抑郁而死。顷襄王即位后,像怀王一样宠信小人。秦兵很快就攻破了郢都,楚国只好迁都。

这时屈原已被流放到沅湘流域。他报国无门,常常独自在江边徘徊,一位渔夫问他为什么这样失魂落魄,他便叹息地说:"举世皆醉唯我独醒,举世皆浊唯我独清。"流放中,他写出《离骚》、《九章》、《天问》、《九歌》等不朽之作。当他听说怀王客死他乡、国都已经沦陷之后,便写下最后一首《怀沙》,第二天一早抱起一块石头跳入了汨罗江。这天正是五月初五。百姓们听说爱国爱民的屈原跳江而死,便纷纷拥到江边凭吊,有的划船去打捞他的遗体,有的把饭团、鸡蛋丢入江中,以让鱼虾吃饱不再噬咬屈原。这样,就渐渐形成了五月初五包粽子、用雄黄酒祭江和赛龙舟的习俗。还传说曾经有一条蛟龙被酒水药昏浮出,龙须上有屈原的衣襟,人们就认为它吃了屈原,便把它拖上岸来抽了它的筋,把龙筋缠到孩子们手上、脖子上,用雄黄酒抹在孩子们七窍上,还在小孩额头写个"王"字,认为这样毒蛇鬼怪就不敢来侵害他们了。这便是端午喝雄黄酒的来历。

(四)孟尝君、王镇恶、马援等。还有端午纪念战国时齐国孟尝君的说法。因为《史记》中说,孟尝君是五月五日出生。那时的田婴有40多个儿女,一个小

妾五月五日生下田文，田婴便对妾说，这孩子出生不吉利，不能把他抚养成人。当时人们普遍认为"不举五月子"，说是五月五日出生的孩子长大后妨害父母，要不得。后来《风俗通》中也说："俗说五月五日生子，男害父，女害母。"在《宋略》中记载：王镇恶是端午出生，家人要扔掉他，爷爷却阻拦说，过去孟尝君这天出生当过宰相，我的孙子会振兴我们家族的，就起名叫他镇恶吧。自汉朝以来类似这样的记载还出现多次。民间也有说这天是纪念三国伏波将军马援的。

二、曹娥、钟馗、海瑞之母等

（一）曹娥。曹娥（130—143），东汉上虞人。其父曹盱溺于江中，数日不见尸体，年仅14岁的曹娥沿江号哭，昼夜不停。五月初五，曹娥也投入江中。三天后，人们发现曹娥抱着父亲浮出江面。此事传到县府，上虞县官把她葬于江南道旁，命邯郸淳作诔辞，刻石立碑，颂扬她的孝行。在今浙江绍兴尚存曹娥墓，而东汉曹娥碑已失。在《会稽典录》中说："女子曹娥者，会稽上虞人，父能弦歌为巫。汉安帝二年五月五日，于县江溯涛迎波，沉溺死，不得尸。娥年十四，

沿江号哭，昼夜不绝声七日，遂投江而死。"后来在曹娥投江之处兴建了曹娥庙，她居住的村镇改为曹娥镇，父亲淹死的舜江更名为曹娥江，至今仍沿袭此名。在古代二十四孝中，也记有曹娥的事迹。1985年曹娥庙重修后开放，被称为江南第一庙。南北朝以来，先后加封曹娥为灵孝夫人、福婴夫人等称号。

（二）**钟馗**。民间认为钟馗是捉鬼大元帅，只要画上他的像就能保佑一方平安。最早的记载，是北宋沈括的《梦溪笔谈·补笔谈》说唐玄宗时海晏河平，国泰民安，这天玄宗游玩回来得了大病。太医们千方百计治不好，朝野上下不安。一天晚上，玄宗梦见一大一小两个鬼在追逐，一会儿大鬼就抓住小鬼，撕下衣裳把他吃了。他问大鬼是什么人，大鬼就说我叫钟馗，考武状元落了第，就发誓要帮助陛下扫清天下妖孽。玄宗醒来后便觉得神清气爽、百病皆无了，第二天就让吴道子按梦境画钟馗像，并诏告天下都画此人像，以祛邪魅，兼净妖氛。此故事源于吴道子钟馗画像的题记。

钟馗是唐代终南人，长得豹头环眼，铁面虬髯，很是丑陋吓人。他与好朋友杜平一起进京应试，名列榜首，但皇帝嫌他太丑不堪夺魁。钟馗又气又恼，便

一头撞死在廷柱上。传说阎王觉得他秉性耿直、才学未展,便封他为平鬼大元帅,让他前往人间捉鬼拿妖,后来才产生了为唐玄宗救驾的故事。明代以后,又成为五月石榴花之神,兼司端午克制五毒之任。五毒,大概指蛇、蝎、蟾蜍、蜈蚣、蜘蛛之类。还有钟馗嫁妹的传说,是钟馗嫁魅的讹传,但也形成了美妙的故事和戏剧。剧中,阴司判官钟馗已经身死,不能还阳,但家中还有一个妹妹,心中一直牵挂。他为妹妹办嫁妆,又让小鬼们抬轿子,风风光光把妹妹嫁给同乡杜平了。

(三)**海瑞之母**。在河北、山西诸地,传说明代大臣海瑞是人瞎子(猩猩)所生。海瑞父亲每年和同乡乘船入山采金刚石。一次误时船走,他被人瞎子掳于洞中。人瞎子不吃掉他,却采摘野果让他充饥。他虽然思念家乡和亲人,却无奈与人瞎子做了夫妻,生下一儿一女。原先人瞎子怕他逃跑,每次出去打食都要用石头堵住洞口,有了儿女后便不再堵洞。这天,父亲抱着儿子海瑞出洞来玩,突然想到今天应该是家乡来船的日子,便奔往江边。正巧有船开来,他就抱紧儿子跳到船上走了。这天便是端午节。人瞎子回来一看没了丈夫和儿子,马上哭叫着奔往江边,望见一只

船已经走远,呼喊也无人答应,就回头掐死了女儿,自己也跳江而死了。海瑞长大后入朝为官,素有廉名,号称为海青天。他江边祭母,为万民效仿,形成了端午节用粽子祭江的习俗。

山西一些市县还有明初大将常遇春端午祭母的传说,也属异生型故事。还有说纪念《白蛇传》中的白娘子的,因为端午节许仙非让她喝雄黄酒显了原形。

第三节　端午节习俗

上面在叙述端午节历史形成和相关人物的过程中,已经涉及到不少节日民俗事象。端午节来之久远,节俗丰富多彩。下面再重点谈几项节俗。

一、赛龙舟活动

赛龙舟也叫划龙船、龙船赛会。为什么叫赛龙舟呢?传说龙戏水好飞、善于变化,有行云布雨、司水理水的神职,所以自古以来龙就受到江海湖泊地区人民的顶礼膜拜,北方雨水缺少地区百姓更要向龙祈求风调雨顺。赛龙舟活动,固然说是纪念屈原等历史人

物，也首先是要让天龙、水龙高兴，保佑五谷丰登。江南龙图腾崇拜中的祭敬，就含有希望龙保佑雨水不缺、洪水不滥而年年丰收的目的。人们还把端午节时死去的伍子胥奉为长江水域的水仙、涛神、潮神和江神，也曾经把屈原封为广源顺济王，产生了"江神即楚大夫屈原"的说法，这是把人神化了，也是把神龙人格化了，人就是龙、龙就是人而为一体了。

（一）**龙舟制作**。所谓龙舟，古代都是由整木雕成。在船头上安有高昂的龙头，船尾上翘起一个龙尾，船身两侧多绘刻龙纹，分别有青龙、黄龙、白龙、黑龙。龙舟一般长25—40米，能载20—50人。在广东曾有最大的龙舟，能盛200多人，这是珠江三角洲一带河面宽阔，长舟活动更为方便。广东顺德有鸡公头龙舟，舟上有一座神楼，一面大鼓、一面铜锣，还有帅旗、黄罗伞等漂亮的装饰。湖南汨罗江地区至今有偷木头做龙舟的习俗。当地人认为，偷来的木头做成龙舟跑得快，于是往往在某一个夜晚去偷木头，一边拼命抬着木头奔跑，还一边喊着抓贼，有意地吵醒木头主人，让他从后面追来。追上了就要给主人一个红包，造好龙舟后还要请他来吃喝一顿。据说谁的木头

做了龙舟的船身,就预示着这年家庭兴旺、百事如意,所以偷的爱偷,被偷的也高兴。

(二)赛龙舟时间和程序。各地虽然有所不同,但大都在端午节前后进行。湖南常德古时四月八日揭篷搭船,五月一日新船下水,五月十日、十五日划船赌赛,一直到十八日赛完才拖船上岸。规定船中不许藏竹杆、鹅卵石,两岸观众也不许扔砖瓦,以防引起械斗。而在汨罗江、洞庭湖一带,为了表示打捞屈原尸体,总要在端午节这天进行龙舟大赛。开赛前,划船队伍要抬上龙头到屈原祠去祭拜,然后回到舟上安好龙头,等待统一喊号发令。令一发,船上有一人敲锣、喊号,有的手执令旗领喊,大家则一呼百应,这样有利于划舟健儿动作一致,船体快捷如飞。比赛中,两岸往往人山人海,旌旗招展,一片欢腾,观众们都要为自己的龙舟喊号助威,就形成水上岸上的热烈互动。有的唱歌助兴,在汨罗江一带就有过为屈原招魂的赛舟歌:"有也回,无也回,莫待江边冷风吹。"《隋书·地理志》中就说这"乃数千年语也"。可见赛龙舟唱歌助兴之风早已有之。比赛结果,一般以谁先到达终点为胜。但在福建漳州、厦门一带,终点停有一只标船,

以鸭子为标。龙舟到达终点时，标船上就有人把一只鸭子抛入水中，划船健儿们便纷纷跃入水中追捉，观众们就又呐喊助威，捉住鸭子者为胜。过去，造龙舟、赛龙舟都不许女人参加。现在有些地方还出现了女子龙舟队，她们和男人一样参加各种龙舟竞渡活动。划船的方式，一般是用木桨，也有的是用脚划或用手划。

现在，古风正在恢复。2005年6月，国家体育总局、中国龙舟协会与八省市政府联合组织了全国龙舟月活动。不但当地人参加，还吸引了美国、德国、澳大利亚、新加坡等10余个国家和地区的赛手前来，龙舟队伍多达400余支、14000余人。这年北方辽宁、吉林、黑龙江、陕西等地的龙舟赛事也很多，据不完全统计，全年参赛者多达40000余人，观众多达1000万人。这便形成有史以来我国龙舟比赛运动的一个高潮。还有长江三峡国际龙舟拉力赛、岳阳汨罗江国际龙舟邀请赛等大型赛事。龙舟赛事越来越多，已成为我国民间体育活动的一大亮点。北方相对干旱，一般不具备赛龙舟的条件，但在大草原上有端午赛马、骑马、射柳、击球等竞技活动，这是受北方少数民族风俗影响而形成的。

二、吃粽子

粽子,古称角黍。在甲骨文中就有了"粽子"一词。西周之后演变为端午包新黍(黏米)以献神灵的习俗。那时夏至将到,角黍可热吃也可冷食,文献中多有记载。包角黍的植物叶子主要是菰叶等,后来北方多用苇叶,南方也用竹筒装米煮烤。东汉末年,人们把黍米用木草灰水浸泡,把它包成四角形,因为灰水中含碱,称为碱水粽。晋朝时吃粽子已经在全国普及,样式逐渐增多。有角者为角黍,用竹筒者为筒粽。粽子中用黍,并放红枣、板栗、红豆等,在南方不少地方也放猪肉、鸡肉等,还有的放一些中药材。粽子外面用五色线缠好,或用马莲草等捆缚。相传东汉光武帝刘秀在位时,长沙一个人白天看到屈原。屈原说,你们每年给我的竹筒米都被蛟龙吞了,今后可以用艾叶塞在竹筒口上,再用五色线捆牢,那蛟龙最怕这两样东西。说完屈原便不见了,这个人回家就告诉人们这样做起来。端午吃粽子,都认为是南方人纪念屈原等人的。现在考证认为,在春秋时晋国纪念介子推的寒食节上,就有了类似粽子的食品。

现在,南方吃粽子一直是日常食品,种类已经十分繁多。北京、广东、闽南、浙江、江苏、上海、四川和台湾等地粽子的原料搭配、包制方法和风味,都形成了自己的特色,创出了地方性品牌,有的还向外国出口。现在端午时节,全国粽子购销两旺。晋代《风土记》注释中说:"盖取阴阳尚相裹,未分散之时象也。"就是说粽子是阴阳相包裹,象征寒气未褪尽,寒暑相交替。

除吃粽子以外,人们还在端午节时食用各种应节食品。比如杭州届时要吃咸鸭蛋,名曰吃五黄。五月就是五黄月,端午时吃咸鸭蛋黄、黄(鳝)鱼、黄瓜、黄豆,喝雄黄酒便是五黄。在南昌,端午要吃煮茶蛋、盐水蛋,在温州家家要吃薄饼,在福建晋江地区家家要吃煎堆,甘肃民勤县则要吃面扇子。而在台湾端午还要吃桃、茄子和菜豆。粽子和各种应节食品,古时要在亲友之间互相赠送,互相品尝手艺高低,便形成人际来往高潮。

三、系五色丝、插艾和插菖蒲等

(一)**系五色丝**。人们认为五色丝系在手臂上,可

以驱赶邪祟,不生疾病,命长如缕。因此把五色丝叫长命缕或长命索。《太平御览》卷三一引《风俗通》云:"五月五日,以五彩丝系臂者,辟兵及鬼,令人不病瘟,亦因屈原。一名长命缕,一名续命缕,一名辟兵缯,一名五色丝,一名朱索。"现在的一些女孩们仍然在端午系五色丝线,形成一种简便的手腕装饰。这些都可以互相赠送。

(二)**插艾草**。有谚语云:"清明插柳,端午插艾。"端午时,湖南中部地区人们要在门头插艾蒿、菖蒲,挂葛藤,还要吃大肉。少不得为小孩画朱砂符、挂香包,香包上写着"五月五日午,天时骑艾虎,手持龙虎剑,邪魔归地府"。当地还有"五月初五过端午,天师尊神骑艾虎,蒲剑利刃斩百邪,鬼魅瘟神入虎口"的歌谣。艾即白艾,也叫家艾、艾蒿,是菊科多年生草本植物,可入中药,性温味苦,可以去寒湿,把干艾搓成绳可以点燃驱蚊,用艾绒做成灸条治病,在西汉时就已使用。菖蒲是多年生的水中草本植物,属天南星科,多为野生,也可以在田中种植,古人认为它就是天星的再生。现代研究得知,菖蒲含有挥发性芳香油,此油可以提神通窍、杀菌消毒。南方地区

还把菖蒲、艾叶、石榴花、蒜头、龙传花等制成人形,称为艾人。女人们佩戴它,可以避邪驱瘴。还有的将艾叶、大黄、苍术、白芷、芸香等中草药放在屋内燃熏,能够赶走蛇虫,也不失为一种空气消毒的良方。菖蒲的长叶上有一条脊线,状如宝剑,故称之为菖蒲剑,将它挂于门楣,散发出的芳香也可以驱赶飞虫,使空气清新。在江南地区,端午也是采药的好时机。一些草药,还可以洗浴治疮疖,所以端午又叫浴兰节。

民间也有关于插挂艾草、菖蒲的一些传说。比如说黄巢在唐僖宗时造反,到邓州准备大肆屠杀,却见一个妇女一手拉着一个小孩,另一只手却抱着一个大些的小孩。他觉得有些奇怪,就抽刀要杀死她。但经过询问才知道,抱着的大孩是她大哥的遗孤,小孩才是自己亲生的。于是黄巢对这个女人很敬佩,认为她是天下少有的义妇,就挥剑砍下路边的艾草和菖蒲,让她回去挂在门上,并告诉将士们凡挂艾草、菖蒲者一律不能杀,于是形成了端午插艾的习俗。也有的说,这个故事是明朝燕王朱棣、明末李自成或张献忠等人所为。

第六章 七夕节

大家都知道,七月七日是七夕节,也称乞巧节、女儿节、少女节、七娘会、七女诞、七娘妈生、双七节、香桥会、巧节会、魁星节、晒书节、神仙节、七夕水、大水节、香日、情人节(台湾)。这是一个古老的爱情节日。此节的来历和牛郎织女故事的发展,已经有几千年的漫长过程。随着时代的发展,七夕节的气氛渐渐式微,但各地仍然流传着牛郎织女故事,一些文化景点还有七夕节的节俗存在。随着非物质文化遗产保护工程上马,七夕节被确定为国家七大传统节日之一,于是七夕节俗加快了恢复,节俗也有所创新发展。

第一节 牛郎织女传说的来历

七夕节是一个浪漫的节日。人们晚上望着银河两

岸的牛郎星、织女星,讲述着牛郎织女的凄美故事,或到葡萄架下偷听牛郎织女的悄悄话,成为七夕节的特有风俗。它的来历,主要是两点。

一、因为天上有两颗星

天上的牛郎星、织女星,是很早就被古人发现了的恒星。大概在夏朝时,银河东岸的一组被叫作织女星,西岸的一组三星被叫作牵牛。这两个星名的出现,渐渐衍生出牛郎织女的故事和七夕节来。这是原始社会向奴隶社会转化过程中,人们理想的男耕女织家庭模式的物化。夏商周时期还没有详细的日历,但人人都会观星,日月星辰的变化、寒暑往来就是人们的时间表。在《大戴礼》的《夏小正》中有:"七月,初昏,织女正东乡(向)。"这是记载了织女星出现的时间是七月的傍晚,方位是正东。大概每逢七月傍晚织女星在东方升起时,人们就开始想象和联想,用人间的情感和生存状态编织起美丽的牛女故事来。

国际学术界对牛女传说的来历也早就做过推断。早在20世纪30年代,日本早稻田大学教授西村真次先生就断定:牛郎织女故事的产生,"至少在新石器时

代结束之前"。我国民间文学泰斗钟敬文及周作人先生都对西村教授的观点表示赞同。钟老说它的产生"非必甚近是不容置疑的"。这种推断,与牛女双星名起于夏朝的说法相符,至少它们已有3500年了。那时铜、铁冶炼还没有出现,新石器也做得比较精巧了。

二、从《诗经》以来的有关记载

自周代以来,牛女双星故事在中原地区已经开始普遍流传。近查记载最早的典籍是《诗经》,其《小雅·大东》一首中有:"维天有汉,监亦有光。跂彼织女,终日七襄,虽则七襄,不成报章。睆彼牵牛,不以服箱。"这是用来讽刺西周初期统治者的,意思是说,高天上有一道河汉,只看着有些光亮;那个跂着脚走路的织女一天挪动七次,却织不成花纹布匹;那个明亮的牵牛,赶着车却不拉东西。这便是最早的牛女神话雏形。虽然只有八句,却说明它在2500多年前就已经存在于民众口头了。到西汉时,《淮南子》佚文中又说:"乌鹊填河成桥而渡织女。"到东汉应劭《风俗通义》中又说:"织女七夕当渡河,使鹊为桥,相传七日鹊首皆髡,因为梁以渡织女故也。"这里牛郎织女鹊桥

相会的情节已经现出,有了喜鹊因上天搭桥梁而头毛掉落的细节。东汉时,曾有《古风十九首》,其中《迢迢牵牛星》中写道:"迢迢牵牛星,皎皎河汉女。纤纤擢(zhuó)素手,札札弄机杼(zhù)。终日不成章,泣涕零如雨。河汉清且浅,相去复几许?盈盈一水间,脉脉不得语。"三国魏时,曹丕的《燕歌行》中写道:"牵牛织女遥相望,尔都何辜限河梁!"唐代杜甫则有《牵牛织女》诗:"牵牛出河西,织女处其东。万古永相望,七夕谁见同?……"此诗表达了作者自己的政治境遇和不怕深云遮掩的心情。

三、牛郎织女故事的最后形成和一般形态

(一)南北朝时,牛郎织女故事在发展。比如那时任昉的《述异记》中作了一次这样的记载:大河之东,有美丽女人,乃天帝之子,机杼女工,年年劳役,织成云雾绢嫌之衣,辛苦无欢悦,容貌不暇整理。天帝怜其独处,嫁与河西牵牛为妻,自此即废织纴之功,贪欢不归。帝怒,责归河东,一年一度相会。南朝梁宗懔《荆楚岁时记》中则有,"七月七日,为牵牛织女聚会之夜",又引纬书中说,"牵牛娶织女,取天帝两

万备礼,久而不还,被驱在营室是也。"这些是大概1500年前的故事情节。说他们是天上的神仙,织女是天帝的女儿(或说是孙女),为织布女工,长年累月的织五彩天衣云锦,很辛苦而没有欢乐,连打扮自己的时间都没有。天帝可怜他,就让她嫁给河西的牛郎为妻。但她再也不想织布,贪图欢乐不回河东了。天帝知道后很恼怒,就下令让她回去,只能一年和牛郎见一次面。又说天上牛郎为了娶织女向天帝借了两万钱,很长时间不归还,(织女)就被赶到干活的屋里去,夫妻二人被强行分开了。

(二)牛郎织女故事与毛衣女故事的嫁接。毛衣女故事,最早出现在晋代干宝《搜神记》中,是幻想女鸟"衣毛为飞鸟,脱毛为女人"。故事这样写道:"豫章新喻县男子,见田中有六七女,皆衣毛衣。不知是鸟。匍匐往,得其一女所解毛衣,取截苦藏之。即往就诸鸟。诸鸟各飞去,一鸟独不得去,男子取以为妇,生三女。其母后使女问父,知衣在积稻下,得之,衣而飞去。后复以迎三女,女亦得飞去。"唐代时句道兴《搜神记》(敦煌本)中,白天鹅更是天上仙女的化身了,但也是人鸟的结合,不久即去。20世纪20年代以

来搜集到的牛女故事,加重了织女自愿下嫁凡间穷汉的描述,增强了人文主义的反封建精神和自我意识。董永与七仙女的故事起源也比较早,是古人受牛女故事影响而创作出来的,也可以说是它是牛女故事的姊妹篇,只是牛女故事与毛衣女结合了起来,形成夫妇二人都回到天上的结局。而董永与七仙女,是七仙女主动下凡嫁给一贫如洗的董永,被抓上天宫后把生下的儿子送回人间。还有的讲,董永与儿子过活,儿子总要找娘,董便说了实话,儿子便去昆仑山找天梯,到天上见到母亲,又被送下或打下来,有的说他就是后来的大奸臣董卓。毛衣女与牛女故事的发展,也出现一些变化。一是说牛女夫妻二人被迫回到天宫,牛郎受到歧视和生死考验,但在织女和姐妹们帮助下顺利过关,二人关系得到承认又重新团聚。还有说织女下凡成婚后,因为读过天书,能够回答官员提出的一切问题,打破了官员的刁难或惩治了官员,从此人们知道她是天仙下界。还有的是说牛女二人原为天上的童男童女,侍候王母娘娘不慎出错,或说二人偷偷谈情说爱,被王母打下凡间,在凡间成婚又受到干涉,最后一家人都留在天上,却是在银河两岸苦苦相望。

(三)今天的牛女故事形态。现在一般多见嫁接了毛衣女的牛郎织女故事的版本,细分也很多。当前最多见、也最有代表性的牛女故事情节是这样的:

①有弟兄二人,兄嫂嫌弃弟弟放牛郎,不得不分家。舅舅来主持,弟只要老牛、破车而出走。

②老牛是谪仙,告诉牛郎,它将死,死后要剥下它的皮,披之可上天,还教他找仙女成婚的办法。

③天上仙女们偷偷下凡来洗澡。牛郎遵照老牛说的去池塘边,果然见七只白天鹅飞来。她们脱下羽衣化为美人入池洗澡,牛郎便偷偷拿了其中一套羽衣。

④洗后众鸟飞去,只一女不得走。牛郎便领她回家,结为夫妻。后生一男一女。男耕女织,十分美满。

⑤这一年的七月七日,天鼓震响,织女知道母亲发现自己下凡,金甲神将来捉拿。果然,天兵天将来了,逼她归天受罚。织女怀抱儿女大哭一场,又不得不放下他们,被押解回去。

⑥牛郎得知,忙披上神牛皮,担挑一儿一女,上天追去。

⑦眼看快要追上时,王母娘娘拔下金簪划出一道(两道)天河,挡住了牛郎。

⑧牛郎投出牛套,落在织女怀中,织女投出织布梭,落到丈夫跟前,这既是着急、生气,也是夫妻互留纪念。所以天上牛女双星各一侧还有一组小星。

⑨织女思念丈夫和儿女,征得天帝(玉皇)同情,王母同意,让他们夫妇逢七一见面,喜鹊或鹌鹑错传旨意,说成七七一见面。

⑩于是每年七夕,织女过河与牛郎相会。百鸟同情之,自愿上天搭成鹊桥,所以此日鸟雀少见。此日阴天下雨,便是二人见面后痛哭,互诉别离之苦。

第二节 牛女故事的文化内涵

牛郎和织女二人,无论都是天上仙人,还是一仙一凡,都传达出民间大众对忠贞不二爱情的追求。爱情忠贞、家庭和睦就是牛女故事的主旨。而它的文化内涵也是多方面的。

一、把人神通婚合理化

它是反天条、反封建的。二人的结合是原始性的抢婚(抢衣)习俗的艺术再现,但他们又是专一的爱

情,是大胆的仙凡结合,无法再分开。天帝(王母)让他们逢七相会是合乎情理的。在当今流传的一些故事中,织女苦于天上孤寂,不好好织布主动来就牛郎。这便多了一层个性解放的题旨,突出了叛逆精神。

二、要让有情人终成眷属

通过牛女二人的悲欢离合告诉后人:要让有情人终成眷属,更提醒那些做父母、长辈的不要当棒打鸳鸯的王母娘娘,为儿女择婚,不要看门第、权力地位、钱财、学历等。

三、要打破清规戒律,也不要朝三暮四

牛郎和织女二人的结合属于自主婚姻。婚后二人男耕女织、幸福美满。他们爱得忠贞、别得凄楚,能够感天动地,才争得了每年七夕相会的权利。这个故事不是大悲剧,也不是大团圆结局。它余音绕梁,韵味悠长,令人一咏三叹,又令人充满希望。这是仙女思凡,又私自成婚,生有儿女,遭受波折,上到天堂,隔在银河两岸,长相思、不相忘,离得痛苦,合得正大光明,令人牵挂,使人慨叹。主题好,意境好,人

物形象好,结局好,是这则故事的最大优点。其中的内涵和当代有关法律条文、政策规定都十分吻合。

四、动物助人,天人合一

故事中的老黄牛是牛郎的朋友和保护神,也是为牛郎出谋划策的智慧化身。它死后献出自己的皮让牛郎披上飞天追妻,是自我牺牲成全他人的高尚的善举。喜鹊们主动上天去为牛郎织女搭成鹊桥,让他们二人相会,又是动物帮助了人类。有的故事中讲,王母让喜鹊(或鹌鹑)传达逢七见面的旨意,半途忘记而错说成七月七见面了,心中有愧,便在七月七上天去搭桥,是将功补过。黄牛和喜鹊富有哲学意味,折射出人类和动物本是一家、谁也离不开谁的客观真理。

五、把生产劳动神圣化

故事的大背景就是农民要种田打粮,一片农业社会的景象。牛郎织女便是这个大背景中的农民代表。他们最大的特点就是勤劳、朴实、智慧。故事中的黄牛、牛套、织布梭都是劳动工具。劳动、劳动工具也都被神圣化了,传达出农业文明到来之时,人们希望

能够男耕女织、安居乐业,家庭稳定。牛郎织女的情感,便是古时广大劳动人民的普遍情感,牛郎织女的愿望和追求,也是那时广大劳动人民的愿望和追求。他们不像嫂嫂那样好吃懒做,追求财产和享受,所以才能和一头老黄牛、一群飞鸟结成朋友。歌颂劳动和劳动者,是口头文学的基本主题,牛女故事也不例外。

六、母性崇拜,女神崇拜

它既有父系社会的特点也有母系社会文化的残留。舅舅有权处理外甥的家庭纠纷,这是父系社会的规矩。王母娘娘则是母系政权的象征。而故事的核心是歌颂美丽、善良、智慧的织女。

"神是某种手艺的能手,是人们的师傅和同行。神是劳动成绩和艺术的概括。"这是前苏联著名作家高尔基的一段名言。织女和牛郎就是百姓心目中的能手和师傅,就是几千年来群众集体创造的婚爱典型,其中的忠贞爱情是一个永恒的主题。宋代著名词人秦观的《鹊桥仙》,堪为通过牛女表达人类爱情的杰作:"纤云弄巧,飞星传恨,银汉迢迢暗度。金风玉露一相逢,便胜却人间无数。柔情似水,佳期如梦,忍顾鹊桥归

路。两情若是久长时,又岂在朝朝暮暮。"这是文学史上公认的千古绝唱,现在已经有人为它谱了曲子,成为七夕节的特定歌曲。

在20世纪二三十年代,在北京、天津、上海等地,京剧和地方戏曲普遍上演过《天河配》,生动地演绎了牛郎织女的故事,其剧本就是根据各地大量传说综合而成的,本书上面所列举的故事结构也参考了该戏的情节。

第三节 七夕节的形成

关于七夕节的来历,从信仰和思维方式上说源于中国古人喜欢重叠数字记忆的习惯,七月七变成一个节日合乎人们的心理,但人为倡导的作用也不可低估,那么最早倡导七夕节的是谁呢?

一、七的崇拜和楚怀王首先置七夕

(一)神秘的数字七。七,自古以来无论中国、外国都对它很崇拜。古巴比伦王国的建造者闪米特人就尊七曜为神,认为它们轮流执政,主宰着人间的沧桑

变化。闪米特诸侯以七为大、为多、为全,对七星神的敬畏贯穿于宗教活动中。比如造七座坛、献七份祭礼、行七次叩拜等。古希腊人也认为,人的年龄每七年递增一次,胎儿每七天为一个成长周期,治病时每七天为一个疗程。现代医学研究证明,人体大多数以七年为一个周期,少数八年为一个周期。犹太人也特别重视七,大约3000年前就把七称为奇迹数。犹太教的经典《旧约·创世纪》中记载,上帝用六天创造世界和人类,第七天就是安息日,也就是礼拜日(星期天)。

在我国古代,人们把日月和金木水火土五星称为七政。二十八宿按四像分配,每一个方位的宿数就是七。先秦时代有"天数以七纪"之说。古人对七的崇拜与星辰信仰有关,比如对北斗七星的信仰,月亮的圆缺与潮水的涨落有关。人体也有七窍、七魄的说法。古老的《黄帝内经》中说:"女子七岁肾气盛,齿更发长,二七天癸至,壬脉通……"古人也以一、三、五、七为阳,但与九比,却是以九为阳、以七为阴,男子生命以九计,女子则以七计。在《太平御览》卷三一中记载,"七月黍熟,七日为阳数,故以麋为珍",麋

是一种植物。又说"七月七日为良日"。魏晋时,七月七日要聚会游乐。这天也是天宫神仙聚会之时。那么天上织女与牛郎相会也就很正常的了。在七夕传说中的织女,有说她是七仙女,南方人也叫她七娘妈。

(二)**楚怀王置七夕**。近查明代罗欣所著《物源》中说:"楚怀王初置七夕,妇女是日以彩缕穿七孔针,陈瓜果于亭,以乞巧。"在没有其他资料发现的情况下,七夕节就是起源于战国时代南方的楚国了。那时就有了彩缕、七孔针,这是妇女乞巧的专用物。这种专用物和习俗,恐怕是楚怀王的一个贡献了。

二、汉武帝与七夕

我国七夕节的正式形成和普及,与汉武帝干系甚大,这也是他的一大功劳。

(一)**七月七出生**。在《汉武故事》中提到:"景帝尝梦高祖谓己曰:'于美人生子可名为彘。'以乙酉年七月七日旦,生武帝于猗兰殿。"彘就是小猪。汉武帝是七月初七出生,乳名彘儿。这样记载就多了一层神秘色彩,七月七这个日子就神圣了。除他之外,还有北魏武帝也是七月七出生。他们两个都是在中国历

史上很有作为的皇帝。而五月初五生人，古人认为不吉利，特别是妨父害母，但七月七出生没有对父母家人妨害的记载和传闻。

（二）西王母七夕会汉武。当今民间传说中，仍然有七月七晚上西王母下凡来会汉武帝的故事。这早在《汉武故事》中就有记载："七月七日，上于承华殿斋，其日忽有鸟从西方来集殿前。上问东方朔。朔曰：'此西王母欲来也。'有顷，西王母至，有二青鸟如凤，夹侍王母旁也……""王母遣谓帝曰：'七月七日，我当暂来。'帝至日扫宫内燃九华之灯。"《汉武帝内传》又载："帝登寻真之台斋，至七月七日夜，忽见天西南如云起，郁郁直来趋宫。有顷，西王母至……夜二唱后，西王母驾九色之斑龙上殿。"

这种记载虽不是正史，起码是当时的一些口头传闻。出现这种传说与汉武帝好神仙的癖好有关。后来在道教神仙谱系里，西王母又演化成玉皇大帝的妻子王母娘娘，成为天上第二位尊神。现在神话研究认为，那时西王母就是西部母系社会的一个部落首领，传说她十分凶恶，道教把她变成了漂亮的母仪天下的王母娘娘。大概汉武帝时的民间人士听到上面这种传闻，

对武帝是真龙天子更为笃信不疑,也更觉得七月七是一个良辰吉日了。所以汉时七夕节越过越大,在全国范围内形成了七夕文化风潮,为此后各朝代过七夕奠定了舆论和习俗基础。

后来受儒家学说的影响,七夕节的爱情主题渐渐被乞巧等活动所掩盖,但汉武帝时留下的七夕爱情主题,却仍然是无法去掉的。在当今的七夕活动中,人们重新打出了弘扬牛女爱情忠贞、夫妻和美的旗号,这是对七夕一味乞巧的反拨和匡正。但乞巧活动也不当置疑,因为织女毕竟是心灵手巧的上天女神,学习她的善良、聪明、美丽和织纴技术还是很有必要的。

在汉武帝之后,魏文帝曹丕、其弟曹植等人都围绕七夕和牛郎织女写下了大量诗文,留下大量民俗资料,成为我国节日文化中一笔宝贵的精神财富。

第四节　七夕节习俗

在中国最著名的四大爱情传说中,牛郎织女的故事产生最早。与其他三个相比,它浪漫、美妙而吉祥,曲折、生动而余味深长。"孟姜女哭长城"以反抗秦始

皇的暴政为主题，哭倒长城八百里，自己跳海自尽，是个大悲剧；"梁山伯与祝英台"，是二人近在咫尺、又似远在天涯，死后冥合，双双化蝶，成为中国式的十大悲剧之一。"白蛇传"故事也属于仙凡成婚。白蛇不是天仙，而是地祇，自己修炼千年化成人形找许仙来报恩，中间曲折很多，最后分手。连台本戏曲"白蛇传"则有许仕琳中状元后去拜塔，才救出母亲，形成了大团圆结局。这四个爱情传说都具有鲜明的反封建特点。但只有牛女故事与七夕节结合在一起，形成了中国式的爱情节日。

一、汉唐京城七夕乞巧

西汉时宫廷内就有七夕活动。包括用五色丝线把两人系在一起，称为"相连爱"；将蜡制婴儿浮水上，称为化生，意为求子；也有乞巧活动，多见为穿七孔针，最快者为胜，为得巧；也设酒脯时果，散香粉于筵上，祈请牛郎。晋代以后七夕洒扫庭中，露天摆几筵，设果脯时果，散香粉于筵上，以祀牛郎织女；还将蜘蛛关于小盒中，第二天视其结网疏密以卜巧；陈瓜果庭中，观蜘蛛结网；制雁凫、鸳鸯浮水上，称水

上浮。还有七月七祭机杼的习俗。

盛唐时期,七夕夜唐明皇杨贵妃双双向牛郎织女祝祷爱情永恒。宋时在小木板上傅土,种粟,令生苗,置小木屋,呈花木、村落之态,叫做谷板,看长势预测丰收;也有村民或邻居合钱为青苗会,以祈丰收。市间卖小塑土偶,称磨喝乐,小儿买新荷叶执之,效磨喝乐;瓜果雕花样,称为花瓜。又以油面糖蜜制笑靥儿,称果食花样;绿豆、小豆、小麦于瓷器内用水浸泡,生芽数寸,红蓝线束之,称种生;折荷花,制并蒂莲以求爱。看天河,若星光闪耀,收成好,谷价低,若天河暗淡,星光不明,收成不好,则谷价贵;姑娘们穿新妆竞夸鲜丽。铺陈花瓜、酒炙、笔砚、针线,或儿童裁诗、女儿呈巧,也焚香列拜,称乞巧。把小蜘蛛置盒内,若结网圆正,称得巧。

二、近现代各地七夕习俗

吉林妇女到长白山金梭峰采花摘叶向织女讨巧。鄂西北郧县妇女育绿豆芽,红线束之,称"巧穿"。投"巧穿"于瓷碗水中,月光照射,花影如彩针花瓣,似鱼龙游戏,称得巧。鄂南咸宁妇女对星空拜求姻缘,

剪牛郎织女像贴在房门上，祈家庭幸福。广西壮族妇女于七夕月升，在庭院陈列果品、剪、尺、针线，焚香拜织女求巧。广西灌阳民间七夕在葡萄架下放一桶水，夜听牛郎织女情话。相传织女梳妆打扮去会牛郎，香粉飘撒人间，称为香日。香日在盆、桶中晒香水，认为水也沾了织女香粉，穿香日晒过的衣服，夫妻会更恩爱。广西梧州、昭平和广东一些地方，人们于七夕在江河洗澡游泳，可治疥疮等皮肤病，增加夫妻感情。

广东还有以通草、色纸、芝麻、米粒、蔗渣、稻草，制花果、器皿、宫室、仕女、灯饰。七月初六夜初更，姑娘们盛装拜七姐，摆上述工艺品，不可缺脂粉，富家摆首饰，邀亲友，请盲女歌手唱木鱼书，称迎仙。夜三至五鼓拜七次，拜后暗处穿针。盒装纸衣、脂粉、镜台、梳篦，每物七件，称梳装盒。初七由童子主祭，拜牛郎，礼仪如昨夜，但女子不参与。女子初嫁之年，或次年要辞仙，仪式如初六之夜，但要加牲礼、红蛋、酸姜以求子，并供沙梨、雪梨与织女告别。

在台湾，七月七供织女，称七星娘。食螺蛳，煮

豆拌糖,同龙眼、芋头分饷,称为结缘。也称织女为七娘妈、七星娘娘、天仙娘娘。以她为主神的庙有云林县水彬七星宫、台南市开隆宫等。七月初七俗称七娘妈生,各户门前夜设香案,妇女们供鲜花、生果、胭脂、白粉、鸡酒、油饭等,祭拜后把胭脂、香粉一半撒上屋顶,一半自用,认为会使女孩聪明、漂亮。有16岁以下孩子的人家,红线串古钱或银牌、锁牌做成"絭",套在孩子颈上,俗称"绾絭儿",戴到16岁方脱,祭品有粽、面线、纸糊七娘妈亭。祭拜后,烧金纸、七娘妈亭,俗称七夕祭,又称出婆祖间,表示已成年,不能再随便出入女人内室。

在广西,七月七的江水、泉水称七七水。壮族妇女凌晨寅卯时挑七七水窖藏,供全年特需之用。发高烧者食七七水有疗效;用七七水制醋,味香美,可久储,酿酒,酒香醇,可保健,称长寿酒;染布,布发亮,不褪色。这天下河洗发,发黑亮,不脱落。广东也有此俗。广西一些地方有未婚姑娘的七巧会。她们七夕之夜做七个大饺子,用柳叶、桃叶剪成针、剪弹棉花锤、织布梭等七种工具,包在饺子里,唱着"年年有个七月七,织女姐姐俺给你送饭吃,教俺巧,做

对花鞋送你老,教俺拙,弄个红葛针扎你脚",或"七个针,七根线,七个闺女都教遍",或"打东墙,望西海,织女姐姐送巧来"等歌谣。唱罢闭眼取身后饺子,吃着什么馅便是什么行当的巧手。

在河北张家口,七月七市场出售蒸面人。邯郸、鸡泽县长辈蒸面羊送外甥,称送羊,意思是送吉祥。河北河间、青县此日洗衣,盐山、肃宁洗油腻器皿。鹿泉抱犊寨山顶有牛郎织女家,大门对联是:"杨柳依依怀其故事,波光滟滟似尔深情",前来祭拜乞婚乞子者众多。

以上各地七夕民俗,都可作为发展现代七夕新民俗的借鉴。

第五节　外国七夕节和西方情人节

现在,在日本、韩国等地城乡仍然有过七月七的习俗。比如每逢七月七前后,日本大阪、京都、东京街头都会出现有关大标语、大宫灯,宣传七夕文化,推销某些商品。各大小寺庙,放有很多竹枝,上拴纸条,写有乞婚、乞福之语。七夕子时,僧人烧竹祷告,

使万人心愿上达天庭。他们都认为织女会满足人间要求的。七夕结婚,日本人亦认为是吉日良辰。

古代的日本就有七夕节俗,是随着汉唐日本留学生带回去的。比如在平安时代,日本人对七字发生崇拜,那一天要沐浴七次、进食七次、还要供奉桃、梨、茄子、瓜、大豆、干鲍、干鲷等七样可食之物,并在楸叶上扎七根金银线针。后来他们越来越迷信这个七,还要在七片楮叶上写七首和歌,把竞赛和歌、扔绣球、下棋、玩花骨牌、贝合、射箭和闻香这七种活动称为七游。300年后进入江户时代,又形成了供奉七个砚台,用七个盘子盛七片瓜,然后点燃七盏灯的习俗。又过了300年,就是20世纪五六十年代了,七夕活动变成全家团聚的节日。对于乞巧,日本保存着传统的乞巧奠,要用古筝、琵琶供奉牛郎织女。明治维新后,日本取消了阴历,七夕节就移到了公历7月7日,于实际上的七夕节相差大概一个月,仙台市就是在一个月后的8月7日庆祝七夕,参加他们活动的游客每年可达200万人以上。在韩国、新加坡、台湾诸地也都有七夕活动。

改革开放之后,西方的2月14日情人节传进我

国,不久就成为各商家炒作的一个洋节了,一时间许多人不知道祖国的七夕节,却乐于过情人节。西方情人节来自古希腊、古罗马的瓦伦丁节。相传牧师瓦伦丁因为违抗国王的十字军东征前青年军人不许结婚的命令,大胆为一些青年人主持了婚礼而获罪入狱。在狱中,他治好了典狱长女儿的眼睛,临刑前向这位姑娘写了一封情书。瓦伦丁是2月14日被处死的,后人怀念他,渐渐在他的忌日形成了男女表达爱情的宗教性节日。瓦伦丁故事是一个大悲剧,也是美丽的。但现在看,"情人"一词在中国多被视为贬意。这个节日游戏性强,浪漫有余,严肃不足。而牛女故事,歌颂了始终如一的爱情。牛郎织女一心一意七夕相会,暗示出家庭稳定的意蕴,这对防止家庭破裂对子女造成心灵创伤有利,在文化内涵和审美观念上,值得肯定。但中国七夕节没有特定的食品,也缺少青年人便于参与的某些文化方式,所以面临国际文化大交流的今天,七夕节需要不断改革创新。

第七章 中元节

七月十五为中元节,又称天中节、鬼节等。中元节的来历,与元宵节一样与古时月亮崇拜有关。这是下半年的第一次月圆,也很受古人的关注。它的主旨是怀念先人,祭祀亡灵,而不是崇月拜月。其功能与清明节、端午节有近,而与八月十五中秋节的大团圆主题大相径庭。

第一节 佛道共用的节日

历史地看,中元节是由佛道两家共同撑起来的。

一、道教的中元节

东汉张道陵在四川组织五斗米道是道教的肇始。他把《道德经》奉为宗教经典,把老子奉为太上老君。

正月十五是道教的上元节,七月十五是中元节,相传为赦罪地官清虚大帝的生日。道教看到七月十五佛家盂兰盆节人气很旺,便把原本依附于七夕节的斋会改到七月十五,与佛教唱起了对台戏,这样双方都在民众中产生了广泛影响。道士们坚持每年七月十五举行中元斋会,大做法事,吸引百姓们在这天祭奠自己的祖先亡灵,也为孤魂野鬼祈祷诵经。道教理直气壮地打出中元节的牌子,参与了超度、宗教宣传竞争活动,而且形成了自己独立开展的传统活动项目,所以道教未被外来佛教挤垮。

二、佛教的盂兰盆节

佛教于东汉明帝时传入我国,四月初八浴佛节也随之兴起。七月十五的盂兰盆节便是他们借用了中国传统风俗。这天,各寺院要举行盛大法会,僧侣们也要沿街搭台念经,以使孤魂安息,饿鬼饱食,俗称盂兰盆会。盂,天竺语意为解救倒悬。传说释迦牟尼的弟子目连看见母亲在地狱受倒悬之苦,求佛祖超度。释迦牟尼让他在七月十五日备百味果食,供养十方僧众,才使其母得以解脱。此节早在南北朝之前就已经

出现了。南朝大同四年(538),梁武帝以帝王身份设斋,使这一佛教节俗得以迅速蔓延。

中元节的由来还有一些其他说法,或是意在表达感恩于神鬼、怀念已故亲人,或旨在表达对粮棉丰收的期望等。

第二节　七月十五敬麻姑

关于七月十五的节俗,除了佛道两家在此日做道场外,还有被列入道教仙班而又民间色彩较浓的祭敬麻姑的活动。俗称"七月十五敬麻姑"。其来历,民间有几种传说。

传说一: 相传麻姑是一位官家的小姐,她心地善良,又聪明、美丽。父亲麻贵被派往湖北麻城当县令,麻姑便随父亲来到麻城。当时麻城贫穷,城池很破,麻贵一上任就要建一座体面的县城,马上征集民工日夜施工。此人天生好大喜功,在上呈的公文中夸下了海口,说半年之内请府台大人大驾光临。为了保证工期,他在工地放一碗水让太阳蒸发,什么时候蒸发到所画的标记时才能休息,夜间鸡叫头遍后才能收工,

第二天天不亮就又上工。那时正是三伏天，不少人中暑倒下。麻姑到工地上来闲逛，见民工们挥汗如雨，又见监工正用鞭子抽打抬石头的老人，就抬手打了监工，保护了老人。回去又与父亲吵架，但争不过父亲，晚上却想到学鸡叫的方法，让民工们早些下班。这一招很灵，一连三天都早早收工。第四天被父亲发现，要把她绑上石头沉河喂鱼。麻姑知道父亲心狠手辣，杀人不眨眼，趁晚上就和丫环跑进一个山洞藏起来。二人找到静月寺要出家，但师太不收，她们只好回到洞中。正在无路可走时，观音菩萨来搭救她们上了天，度化成了仙人。这天就是七月十五。再说那些民工们听说麻姑成了仙都很高兴，为了纪念她，在她住过的山洞里凿出个拜台，台上凿出一尊面目慈祥的麻姑像，上方刻着"麻姑仙洞"四个大字。麻贵却因为修县城引起民愤，不久被罢官贬职了。

传说二：麻姑是秦始皇的女儿，从小生天花落了一脸麻子，人们就叫她麻姑。秦始皇统一了中国，做了第一个皇帝，就下令修长城。为了赶工，就让天上出来12个太阳轮流转，天不黑不能下工，累死了很多人。麻姑听说修长城死人很多，就劝父皇要为百姓着

想,不要惨无人道。麻姑又与父皇争辩,秦始皇就想,闺女丑就丑吧,还不断数落我,留她也是祸害!便一声令下,让刀斧手剁掉了麻姑的双手双脚,把麻姑活活疼死了。她惨死那天正是七月十五。百姓们听说秦始皇不听公主的劝说,还杀了公主,无不为公主伤心落泪,就买了香纸冲着京城祭奠,从此形成了七月十五日敬麻姑的风俗。

第三节 七月十五节习俗

一、超度和放河灯活动

(一)地官考定善恶和上坟。道教的神仙中有三元,就是三官,他们是上元赐福天官紫微大帝、中元赦罪地官清虚大帝、下元解厄水官洞阴大帝。正月十五、七月十五与十月十五各为他们的诞辰。也有的说,天官就是远古的伏羲,地官就是黄帝,水官就是炎帝。

传说中元节时,地官会来到凡间,考察核定人们的善恶,根据善恶功过核定人们的寿数、财产和祸福,确定一些人的官职升降等。因此古时候民间在这天要

迎接祭拜地官,但祭拜时是三官一齐跪拜的。这天,人们一般不轻易出门,以防地官来到家中无人,造成什么麻烦。民间自古就有灵魂信仰、祖灵崇拜和祭祖的习俗,中元节这天或节前五日、十日就开始为先人上坟化纸。在山西一带还要准备纸衣、纸元宝,带上一些馍馍和素菜进行祭祀。

(二) **做法会超度亡魂。** 道士们要诵经做法事,以三牲五果普度十方灵魂。古时人们认为七月初一放鬼,开鬼门关,七月三十收鬼,关鬼门关。有子孙后代的先人们,都能回家收取儿孙送来的银钱和食品。有些战争阵亡、暴病身亡或偶然溺水而死的孤魂野鬼无处可去,就会到处乱窜,所以佛道两家都要普遍超度孤魂。道教就叫"中元普渡"。

(三) **放河灯活动。** 在冀东地区和山西汾河、涑水流域、黄河沿岸,中元节要举行放河灯活动。河曲县的黄河灯会远近闻名。这里是古时人们走西口时经常站脚之地,客死他乡的人也多。放河灯就是要祭祀家族先人和那些孤魂。七月十五前,民间就用小木条糊上彩纸做成灯笼,里面放上小油灯或熄烛,这便是河灯了。有的是要祭祀先人,就在灯上写出先人的名字。

较大的商行店铺要请人做木底纸船为大法船,还要敲锣打鼓地抬着大法船到街上游一圈,傍晚时赶到黄河边上的水神庙前集中,统一由两艘大船装上河灯和法船驶向黄河中心,并有乐队吹奏着。船上有人将河灯一盏盏地点亮,再轻轻地放到水面上,让它们随水漂流,何时油尽或被浪头打翻为止。这种场面若从高处望去,就像一条游动的火龙。两岸的人们争相目睹,孩子们欢呼雀跃。那时人们还认为,哪盏灯在河上打转不走就是被鬼缠住了,走得远就是成仙成佛了,若很快沉没就是已经解脱了。现在,河曲县的中元河灯活动变成了大型黄河灯会,以娱乐为主,兼为商家做一些广告宣传。在河北固安县一带,除了佛道活动外,人们还在傍晚点上一些灯盏放在十字路口,这叫作旱道灯,说是为亡魂们照路的。

二、面羊面人和五彩纸

(一)七月十五做面羊。在山西一带,中元节前要蒸面羊。主要是做长辈的祖母、姥姥、母亲、姑姨们要蒸面羊赠给小辈孩子们。所谓羊,谐音为祥。面羊包括十二属相,羊只是其中一种。有手巧的还做成猪

八戒背媳妇、鱼闹莲、老鼠闹葡萄、爬娃娃和小松鼠、蝴蝶、鸟雀等造型,也做些瓜果梨桃等等,统称为花馍,现在也叫面塑。上面点些颜色,一个个栩栩如生。小辈们还把花馍敬献给长辈,邻里之间也互相赠送品尝,评价谁的手艺最高。

中元节正值立秋前后,民间说"立了秋,挂锄钩,吃瓜看戏庆丰收"。这时山西有许多庙会和集日,吃水果也正是好季节。在晋东南地区,中元节还要优待放牧人,牛马驴骡也休息一天,喂它们合子饭。当地有民谣说:"打一千,骂一万,缺不了七月十五这顿饭。"牲口是人类的朋友,此时款待牲口,是人性化习俗,天人合一思想在起作用。

(二)**姥姥送面人**。这个风俗来自隋唐时期。相传隋末连年荒旱,老百姓吃完了树皮草根就吃死人,有的甚至互相交换孩子煮了吃。当时流传着这么一首歌谣:"好人吃病人,病人吃死人,哥嫂砧板杀亲弟,姥姥锅里煮外甥。"相传河北怀来县洋河边有一个老太太把两岁的小外甥放在锅里煮了,女儿就再不来看娘了。唐朝建立了,娘的日子也好了,女儿多年不来,心里时常惦念,有心去看女儿又害羞,她灵机一动就做了

个面娃娃去了女儿家。这时女儿早又生了儿子。老太太一进门就把面娃娃塞到外甥怀里，外甥抱着面娃娃乐得直蹦高。女儿见母亲已经老得弯了腰，不由一阵心酸，抱住母亲就放声大哭起来。好心的女婿也表示原谅老人，两口就把老人留下来一块过日子了。那天正好是七月十五。后来，老太太每年七月十五都要给外甥蒸个大面娃娃，邻家们见了便争相仿效，至今这种风俗习惯还在怀来乡间延续着。

（三）**田间挂五色纸**。在山西，这天要往庄稼地里挂红、黄、蓝、白、绿五色纸。这是怎么回事呢？据说，在金朝太和年间，山西秀容县（今忻州）出了个贪官叫黄罗道。他倚仗权势，欺压百姓，无恶不作。人们恨透了他，骂他是喂不饱的"饿鬼"。七月十五，正是大秋作物上籽的时候，收成好坏，初见分晓。每到这天，黄罗道总要带着随从到田野看哪块地的庄稼长得好，他便往哪块地里挂上红、黄、蓝、白、绿五色纸，一挂这庄稼便成了他的。有一年，七月十五又要到了。人们商量着对付黄罗道的办法，最后商定请一位叫元好古的人，去向弟弟元好问求助。此时，年纪还不到20的诗人元好问正在定襄神山读书。元好古

受家乡人重托说明来意，元好问就回到家乡把大伙召集起来，说："黄罗道这个饿鬼并不可怕，我想好了对付他的计策，到了七月十五中元节，你们如此这般就行了……"七月十五转眼到了，黄罗道还和往年一样骑着高头大马，前呼后拥地来到田野里。可他一看傻了眼，只见所有的田地里都挂上了五色纸——这正是人们按元好问的计策办的！黄罗道无可奈何，只好怫然而去。后来，七月十五往庄稼地里挂五色纸就成了风俗。现在看，挂彩纸可以驱赶鸟雀，免得它们糟踏粮食。

综上所述，虽然中元节宗教色彩较重，但也有许多非宗教的节俗存在；此节首先要祭祀祖先和各种亡魂，但也更是为了活人、为了后代和长期与人类一起生存的家畜家禽。节俗中有庄严的感恩、善意的超度，也有机智惩恶和调节人际关系的内容，一些祭祀也便是娱乐活动。至今农村家家户户仍然按老俗行事，城市里祭祖之风也一直盛行。

第八章

中秋节

八月十五是中秋节,或叫仲秋节、八月节、八月半、八月会、团圆节。中秋一词,最早出现在《周礼》一书中。古时八月秋收时节要举行秋社,是丰收后酬谢土地神的。到魏晋时过中秋已经十分普遍,唐朝时中秋成为国家法定节日。至明清时更有人认为,此节与元旦同样重要。月神崇拜是中秋节形成的重要源头。但最早敬月神只是在月圆之日,却不固定某月进行,到唐初才固定为八月十五。当时中秋祭月、拜月、赏月,讲述嫦娥奔月的故事,饮酒吟诗作文,成为上层君臣和民间庶士的一件趣事。中秋节是农耕文明的产物,月文化、团圆文化是中秋节的核心,因为人人盼望阖家团圆,一切都要圆圆满满。月饼是天上圆月的象征,古代中秋祭月时用月饼,现在中秋赏月时仍然吃月饼。

第一节　中秋节的来历

中秋节寄托着我们中华民族世世代代盼望团圆的期愿，凸显着中国人思乡思亲的情愫，承传着我们传统的和谐文化的内在因子。由于中秋是月圆之时，自然要说月亮。八月十五在一年四季中正值仲秋，所以古时也称八月十五为仲秋节或秋节。民间也称之为月节、玩月节、拜月节、追月节。又传说唐玄宗曾经在这天夜游月宫，便把中秋节称为月夕。古时媳妇回娘家后必须在这天返回婆家，在外地任职、经商的也要回来探家，以求圆满，享受团圆，所以又称之为团圆节。

一、月神崇拜

古代有春社秋社活动，还有春天祭太阳、秋天祭月亮的礼制。在《礼记》中说："天子春朝日，秋夕月。朝日以朝，夕月以夕。"这里说的是，周天子春天祭日，秋天祭月。夕月就是夜晚祭月拜月，但时间上是八月初一朔日而非八月十五望日。古人说的中秋也

是秋分日,但那天也不一定有月亮,不像后来八月十五一定月圆,这样往往很煞风景。那时春分早上东门外祭日,秋分晚上西门外祭月。祭日时要筑高台,祭月时要挖坑穴,这就是古人所说的坛、坎,它们一高一凹,代表一阳一阴。要用牛羊等牲畜做牺牲,还用玉帛等做祭礼。春秋战国时,曾称日神、月神为东皇公、西王母。

祭祀日月是帝王们行使神权的象征性仪式,成为他们的政治专利。远古时祭月仪式是群体性的,由部落首领或专门祭司主持,全体对月跪拜。到周朝时把祭月作为王室祀典规定下来,民间就没有资格祭月了。那时宣传君权神授,像日月这样的天地大神,只有帝王才能通过祭典与之沟通。秦朝时,都城咸阳有日月祠,是皇帝专门祀奉太阳、月亮的地方。随着历史的发展,各朝代王公贵族、文人学士也效仿起来,渐渐形成全社会性的祭月拜月风气。文人们还要望着天上一轮明月吟咏,寄托自己的情怀。明清时北京有天坛、地坛,也是帝王亲自祭拜日月的场所。原先日神月神都是自然崇拜对象,后来把月神说成嫦娥,是把自然天体人格化了。南方女人称嫦娥为月姐、月姑或月娘,

这就贴近了世俗,和人们拉近了距离,不像古人那么诚惶诚恐了。

二、秋报土地神

古人的春社活动,是祈求土地神保佑一年丰收;秋社则是一年丰收后的秋报,大体在八月十五前后庄稼成熟或收割之时,时间上与秋分相近。这便是春祈秋报。秋报仪式上要唱歌跳舞、饮酒,搞得喜气洋洋、热热闹闹,既是娱神,也是人们自娱。在《诗经》中就有庆祝丰收和祭祀土地公的记载。土地公也即社公,相传他的生日就是八月十五。后来就把他画到布上、墙上或雕塑他的像,一般样子是白发白髯,一手拄拐杖,一手拖元宝,让人感到和蔼可亲。他有管理土地和理财的职能,所以人们很敬重他,有的发了财便说是"赚土地爷的钱"。

三、周代中秋迎寒敬老

古老的《尚书·尧典》中有云:"霄中星虚,以殷仲秋。"可见"仲秋"一词出现很早。到周代又有了"中秋"一词,也有了"中秋夜迎寒"、"中秋献良裘"、

"秋分夕月"等活动。而在《礼记·月令》中记载:"是月也,养衰老,授几杖,行糜粥饮食。"是说每到中秋时节,官府就要挨家挨户地慰问老人,送去凳子、手仗,还要送去糜粥等可以吃的食品,有人说此粥类似糍粑。可见周代之前和周代时,中秋活动中尊老敬老是主旨。此风延续到汉代,在中秋或立秋之时也敬老,赐给老人们雄粗饼等。

四、东晋牛渚玩月

作为正式的节日,中秋节算比较晚的。中秋玩月之俗出现在东晋的首都建业,即今天的南京。那里产生过一段牛渚玩月的佳话,学者们认为这是后来中秋赏月活动的前身。当时在首都镇守牛渚的将军是谢尚,他很喜欢写诗,也喜欢月夜江上泛舟。一次月下乘船行走,忽然听到有人在吟诵《咏史》诗,心中大悦,便邀请吟者过船来叙。这个人叫袁宏,是个靠运租为生的穷书生。两人从半夜谈到天亮,竟然成了朋友。文人雅士们就学着他们的样子夜晚泛舟或登楼咏月。这便成了当时的文人时尚。唐朝大诗人李白游玩到金陵听到此事,还作诗说:"昔闻牛渚咏五章,今来何谢

袁家郎?"感慨一番之后就到城西孙楚酒楼玩月到天亮。唐代诗人欧阳詹也曾做过《玩月诗》,序说"玩月古也,谢赋、鲍诗,眺之亭前,亮之楼中,皆玩月也"。说谢尚、鲍照等人的诗赋都是玩月、赏月时写出的。

五、唐宋时正式确定中秋节

有人说,唐太宗规定了八月十五为中秋节。看《唐书·太宗记》中的确有"八月十五中秋节"之句。那时,中秋节与嫦娥奔月、吴刚伐桂、玉兔捣药等神话传说结合了起来,充满了浪漫色彩,引发了人们玩月、赏月的极大兴趣,文人咏月作品也丰富起来。北宋徽宗时重新确定八月十五为中秋节。到明清时,中秋与元旦已经齐名,有过小元旦之称,成为我国第二个大节。清代中秋时朝廷还要放假一天,与端午节和皇上生日、孔子诞辰一样对待了。

全国的中秋节是八月十五日,也有个别地方则是八月十六。相传元朝末年浙东农民起义领袖方国珍为了防止元朝官兵、朱元璋义军的偷袭,故意改正月十四为元宵,八月十六为中秋,而在传统的正日子则严

阵以待。现在浙东的宁波、台州、舟山群岛一些地方过元宵仍是正月十四,过中秋仍是正月十六。清代时,岭南有八月十六追月风俗,即十五玩一夜还不尽兴,十六夜再邀集亲朋治酒赏月。现在香港还保留着这种风俗。

第二节 关于嫦娥奔月

嫦娥的名字,在古书中有许多不同的写法:娥、常娥、常仪、常羲、尚仪,还有恒娥之称,恒即常,后演化为嫦。这位美妙女子的身份也一再变化。《山海经》中说她是天帝的妻子,生出12个月亮,即"帝俊妻常羲,生月十有二"。而《吕氏春秋》则说她是占月的尚仪。后来,故事逐渐发生了变化,从生月、占月,变成了奔月;嫦娥身份也不再是天帝的后妃,而成为天帝手下射神羿的妻子,于是又产生了羿射九日、嫦娥奔月的故事。这个故事母题,在汉代以前产生,情节、题旨和人物形象都发生了许多变化,对她也有褒有贬,但人们还是普遍喜欢这个美丽的月神嫦娥和玉兔、吴刚的。

一、偷吃不死药变蟾蜍

战国时就说月中有蟾蜍。屈原在《天问》中又有"顾菟"出现,闻一多先生认为顾菟就是蟾蜍。又因为菟与兔字形相近,所以又说月中有白兔。不管是蟾蜍还是白兔,他们在月宫都是捣药的。蟾蜍怎么来的,传说是嫦娥变成的。《全上古文》中说,"嫦娥,羿妻也,窃王母不死药服之,奔月……嫦娥遂托身于月,是为蟾蜍。"它就是民间所说的癞蛤蟆。天仙变成癞蛤蟆,是人们对偷吃神药的嫦娥的批评和丑化。

羿是嫦娥的丈夫。有的说羿是尧帝时人,善于射箭,把天上十个太阳射掉九个,尧帝觉得必须剩下一个,才阻拦他不再射。到夏朝时,有穷国的后羿是个残暴的统治者。一些人总把尧时射日的天神羿与夏时后羿相混淆。本书根据神话学者袁珂的著作纠正之。十个太阳都是天帝的儿子,羿射九日时,天帝以为他吓唬一下就算了,因为儿子们很调皮。没想到羿一下子射死了这么多,便心疼了,就找理由打发羿两口子下到了凡间。也有的说羿射九日有丰功伟绩,遭到了其他天神的嫉妒,天帝疏远了他,把他贬到了人间。

羿与嫦娥怀念天堂生活,羿就去昆仑山找西王母讨不死药。西王母同情羿和嫦娥就给了他两个药丸。他回来决定在夫妻结婚周年时再共享灵药,可以长生不老。嫦娥实在受不了人间之苦,觉得自己如此美貌,不但要长生还要回到天上,就趁丈夫出去打猎吞吃了药丸。未想到她马上身体失重,一会儿就双脚离地飘向天空,怎么也下不来。上哪儿去呢,她觉得自己背弃了丈夫,天神们肯定看不起自己,就暂时到月亮广寒宫去安身。月宫里空无一人,她十分孤独,于是更加后悔,就慢慢变成了月精蛤蟆。唐代李商隐的《嫦娥》诗中慨叹:"云母屏风烛影深,长河渐落晓星沉。嫦娥应悔偷灵药,碧海青天夜夜心。"

还有说,羿是个英雄,与河伯的妻子有暧昧关系,引起嫦娥不满,就离开丈夫飞到天上去了。她上了天只能去月宫,在那里又十分寂寞,便想起了丈夫平日的好处和人间温情,所以天天后悔。嫦娥主动或被迫奔月的结果都很不理想。前者说嫦娥自私,后者说她吃醋。但这些故事都为世人敲了道德警钟,不要自私,也不要意气用事。

二、正义的月神

一个故事说,羿射九日之后被拥立为王。为王后不久,他刚愎自用,沉迷酒色,不体恤百姓,变得越来越凶残,人们却敢怒不敢言。他要长生不老,就到昆仑山去盗取不死药,有的说派人去求得了仙药。百姓们听说了个个发起愁来,羿若不死,苦难无边。妻子嫦娥知道了,不忍心看老百姓再受羿的压迫,就决定不能让他吃仙药,却自己偷偷把药吃了。没想到一下子身轻如燕飞上了月宫。还有一个传说是,有穷国王后羿与嫦娥是夫妻,嫦娥知道丈夫很暴虐,却找来长生不老药。他若吃了药百姓更将没法生存,就主动把药吃下去,飘上月宫成了月神,也叫太阴娘娘。第三种传说是,羿从昆仑找来不死药,一个小人蓬蒙来盗取,嫦娥就赶紧把药吞下,怕这个坏蛋吃了不死,百姓遭秧。她吃后便开始向上升,怎么也无法控制。羿打猎回来就追,但怎么也追不上。这天就是八月十五,后来羿就每逢月圆时摆上妻子喜欢的鲜果遥祭她。后来在民间形成八月十五祭月习俗。

这样的嫦娥,体恤百姓,是非分明,富有正义感,

是一位值得尊敬的敢于自我牺牲的女神。民间还有与她相关的玉兔捣药、为人间送药送财和吴刚砍树等故事,个个都优美生动,与嫦娥故事形成了我国月文化、中秋团圆文化的核心部分。

第三节 赏月咏月习俗

自商周以来,神圣的祭月、拜月活动渐渐发生了娱乐性的赏月倾向。到汉朝时赏月的成分就比较明显了。进入隋唐时期,人们的天文知识更丰富,社会文明程度更高,对月亮这个天体有了比较理性的认识,人们心目中的月神面纱渐渐消褪,对之欣赏、审美的心理进一步加重。天上的明月便成了大家欣赏的对象,皇家独自祭月的权威性丧失,民间祭月、赏月再没人干预了。有关习俗在民间兴盛起来,赏月诗文创作走向繁荣。而道教、佛教对月亮的关注程度也在增加,他们都利用与月亮相关的节日宣传自己的教义,中秋节当然也不例外。下面主要说赏月与诗酒活动。

一、汉代以后的赏月咏月

在人们心中,月亮是美丽、温柔、恬静、可爱的。它集所有阴柔之美于一身,且表情极为丰富,每天都给人一个新的形象,其形象又在不断轮回,既引人无限遐想,又令人充满期待,所以人们对月亮有独钟之深情。在诗文上,君臣和文人们乐此不疲,竞相施技以抒怀。东晋权臣庾亮有南楼赏月诗、南朝梁元帝赋有《江上望月》诗。到唐宋时赏月成为文人时尚,民众也自然满怀丰收的喜悦观月赏月,真是"万象入吾眸,星斗避光彩,风露助清幽",个个兴致盎然,情绪高涨。

(一)**饮酒、赋诗和弹唱**。当空皓月,银光似水,是诗人创作的兴奋点,中秋时节更为激情澎湃。唐代大诗人韩愈曾经写道:"一年明月今宵多,人生由命非由他,有酒不饮奈明何?"五代王仁裕在《开元天宝遗事》中记载,唐玄宗曾在宫中举行中秋夜文酒宴,并熄灭灯烛进行"月饮"。在月光下,君臣共饮美酒,十分欢乐祥和。北宋东京节前街市上热闹非凡,店家和酒楼都重新装饰一新,牌楼扎绸挂彩。店铺里出售各

种新鲜果品和精美食品,更少不了酒和月饼。一切显得红红火火,吃月饼、饮美酒成为节日时尚。即使是穷人也要"解衣市酒,勉强迎欢,不肯虚度"。清代时,桂花酒在京城大行其道,成为中秋节的特定饮品。据王颖《中秋节》一书中说:发现全唐诗中有111首是歌咏中秋的诗作,提到此节的诗更多。宋代朱翌在《曲消旧闻》上说:"中秋玩月,不知起于何时?考古人赋诗,则始于杜子美。"他认为杜甫是中秋赋诗第一人了。这位诗圣的确有《月夜忆舍弟》诗,其"露从今夜白,月是故乡明"公认为千古传诵的佳句。唐朝诗人们还从月亮联想到山河壮美,表现出开阔的胸襟,宋朝人则感物伤怀,但比喻人情世态很是生动。除饮酒赋诗外,还有弦鼓丝竹之声,正可谓"丝篁鼎沸",且通宵达旦。明代张岱曾描述虎邱中秋夜说:"天暝,月上,鼓吹十百处,大吹大擂,渔阳参挝,动地翻天,雷轰鼎沸,呼叫不闻。更定,鼓铙渐歇,丝管繁兴,杂以歌唱",又说更深后观众散去,"士夫眷属皆下船水嬉,席席征歌,人人献技南北杂之,管弦迭奏"。在南京夫子庙秦淮河南曾有玩月桥,桥旁就是名妓马湘兰的宅第。月光里,士子们聚集桥头笙箫弹唱,追忆

牛渚玩月,争相对月吟咏。

古时赏月中,也有制谜猜谜活动,成为人们节日的一项乐趣。南宋时,赏月与赏灯一起进行,灯上有月谜,制谜和猜谜都展示了时人的聪明智慧。

(二)**赏月山水间**。赏月固然可以在城市楼台,更可以远离喧嚣到幽静的地方去。古时的人们经常去的地方很多,但主要是名山、大川和各种形胜之处。

庐山屹立于长江南岸,鄱阳湖之滨,毛泽东曾赞美之"天生一个仙人洞,无限风光在险峰"。古时这里就是诸家交游赏月吟诗的佳处。黄山有"五岳归来不看山,黄山回来不看岳"之美称,中秋时到黄山游历题咏早已成为文人墨客的传统。峨眉天下秀,是中国佛教四大名山之一,也是观看云海和赏月咏月的好去处。桂林的象山、绍兴会稽山、青岛的崂山和海滨等,都早早进入了游人的视野。

长江、黄河等大水系都曾经有人乘船赏月,杭州西湖、苏州太湖、岳阳洞庭湖等处都曾引发人们水边或水上赏月咏月的情趣。临水赏月,波光粼粼,月亮的影子在水中荡漾,似乎比天上静止的银盘更有活泼灵动之感,更能触发诗人的激情。再加上水中灯船游

弋,笙歌嫋绕,给人的美感、想象空间就更为广阔了。

（三）**中秋咏月诗词、月联**。唐代大诗人李白写过大量涉及月亮的诗歌,也有专门咏月的名作,比如《静夜思》:"床前明月光,疑是地上霜。举头望明月,低头思故乡。"还有《月下独酌》中:"花间一壶酒,独酌无相亲。举杯邀明月,对影成三人。"宋代苏东坡的《水调歌头》,是中秋咏月诗词中最著名的一首:"明月几时有,把酒问晴天,不知天上宫阙,今夕是何年。我欲乘风归去,又恐琼楼玉宇,高处不胜寒,起舞弄清影,何似在人间！　转朱阁,低绮户,照无眠。不应有恨,何事长向别时圆？人有悲欢离合,月有阴晴圆缺,此事古难全。但愿人长久,千里共婵娟。"看这浪漫情思,大胆想象,深刻哲理,的确树起了一个咏月词的标高,我们至今还难以企及。

人们比较熟悉的中秋名联有:"人逢喜事尤其乐,月到中秋分外明","几处笙歌留朗月,万家箫管乐中秋","地得清秋一半好,窗含明月十分圆"。还有"天上月圆人间月半,月月月圆逢月半,今宵年尾明日年头,年年年尾接年头",也是艺术的佳作。清代郑板桥在瘦西湖手书一联:"月来满地水,云起一天山。"诗

情画意跃然纸上,后人把它刻于门柱,供游人欣赏。庐山东林寺的名联是"千江有水千江月,万里无云万里星",大家对它也比较熟悉。历史上还出现了不少联对趣事。清初金圣叹到金山寺闲游,长老出上联难他:"半夜二更半"。他一时对不上,后因案件牵连入狱。临刑时正是中秋节,他猛然想起长老的出句,便对出了下句:"中秋八月中"。此外还有一些大家们的散文,向我们讲述他们赏月的深切感受,有的还被收入大中学校的语文课本中。

中国人面对一轮明月抒写了多少人间悲欢离合,道出了多少对自然和社会人生的真情与真谛。在中秋佳节时,我们与圆月同在,与嫦娥共欢。月文化就是团圆文化、和谐文化,中秋文化就是特定节点的团圆文化、和谐文化。现在的诗人们继续发扬这一古老传统,在为祖国统一、社会和谐而咏唱着。

第四节　拜月祈愿

拜月也曾经叫圆月。随着时代的变迁,如上所说祭月拜月渐渐有了审美成份,也增加了世俗的功利内

容,古老的自然崇拜也染上了宗教色彩。

一、拜月的由来

民间祭拜月神风俗的由来,除了前面提到的,还有几种说法。

一种是说,战国时期的齐国有个无盐娘娘,长得奇丑无比。她从幼年时就拜月,得到月神的佑助,长大后被选入宫廷,但一直没有受到齐宣王的宠幸。这一年的八月十五赏月时,宣王在月光下看到她,觉得她美若天仙,后来便立她为贵妃。无盐姓钟,因是无盐县人,被称为无盐女或钟无盐。还传说她因为丑陋找不上婆家,却练就了一身好武艺。一年宫中塌陷,洞中经常传出可怕的声音。宣王便贴出告示,敢去探地穴者要钱给钱、要官给官。无盐便带上兵器下到洞中,什么鬼怪也没找到,却见一张桌子上有供品面牛、面虎,她便把这些全吃了,身上就有了九牛二虎之力。上来后,齐宣王问她要什么,她便说我要嫁给你当王后。有一年外国入侵,无盐娘娘率兵抗击立下大功,宣王便正式封她为王后。

再一个传说是,一个老长工得了重病,财主就在

中秋夜把他赶出来。他无家可归,就到山坡桂花树下一躺,望着天上的月亮发愁。忽然从月亮上来了一位美丽的仙女,问他为什么躺在这里,他便说了实情。那仙女把衣袖一甩,眼前就出现了一座房子,要什么有什么。长工就在这里自耕自种地过起了日子。人们知道后就学着他的样子,故意在室外或野地里摆供祭月,希望月宫大门重开。民间也出现了"八月十五天门开"的说法。

二、祭拜仪式

中秋节夜,一般人家是在庭院里摆上桌案,放上石榴、葡萄、雪梨、红枣、桃、栗子、西瓜,有的还搬出几盆花木放在桌上、桌下,特别要把月宫码、月饼放在供品的中央,然后点蜡燃香,对天上月亮跪拜,同时要烧些纸锞。过去一些老人还会拜月歌,把祈祷的愿望编在歌中,主要是保佑一家平安健康。完后,全家围桌而坐,乘着秋凉畅饮。把月饼、水果分散给小孩们,有特制大月饼的还要切开分一分。一家人在月光下吃喝谈笑,讲着嫦娥奔月、吴刚砍树、玉兔捣药,也是温馨的人伦享受、民间文化的大餐。

关于月宫码,也叫兔儿爷,是神码的一种,就是纸印的神像。原先道教有祭月用的月神、玉兔像,后来佛教也要挤入中秋祭祀中来,便加入了一位月光菩萨像,俗称月光纸。据说古时大月光纸一丈多高,小的只有三寸。上面都有月神、菩萨和宫殿、玉兔,这是佛道合一的想象物。在北京、河北一带也曾有关公夜读书、玉兔捣药的月光纸。这纸在当夜祭祀后要焚化的。

家庭主妇主持拜月活动很普遍,与春节祭祀、上坟男人为主整整相反。也因为月亮代表女性,历史上还有过只许女性拜月的习俗,有"男不拜月,女不祭灶"的说法。月亮是柔美女性的象征,也是生育的象征。蟾蜍的生殖能力很强,嫦娥不是变成蟾蜍了吗?嫦娥、玉兔、月光菩萨也都与药有关,祭拜他们便是祈求身体健康。佛教的月光菩萨原为月光王,成佛后为月光遍照菩萨,是药师如来的部属,所以在月光纸上要有她的形象。

花好月圆人团圆。面对月亮许愿是年年不可缺少的。第一是全家平安团圆,其次是求爱求婚、祈子祈寿及祈功名利禄。在广东潮州地区,人们叫月亮为月

娘、阿娘。在拜月娘前把孩子的文具书本摆在香案上，祈盼月娘保佑其读书上进，成绩优秀。有时还撮一点香灰用红纸包住，新打井水让孩子把香灰喝下，说这样孩子就会聪明健康，像吃了仙丹一样有效。在少数民族中，中秋月下活动也很多。比如苗族有跳月习俗，就是男女全家到山林空地上唱歌跳舞，青年们就乘机寻找心上人。湖南侗族有中秋晚上偷月亮菜的习俗。就是姑娘打着花伞和心上人结伴去摘瓜拔菜，不会被看成偷盗行为。如果有并蒂的瓜果，就预示她们的爱情会幸福圆满。小伙们也去偷菜，是希望月宫仙女赐给他们幸福，但菜只能在野地煮食，不能带回家。这是民间的求缘、祈缘活动。

古时还有月下老拴红绳的传说，在典籍中多有记载。已婚男女希望早生贵子，方法是走月，穿上好衣服去游街市，或坐船去赏月，认为这样会求得月神赐给的儿女。在南京，想生儿子的女性要去游夫子庙，回来要过一座桥，认为这是见子桥，过后会怀上儿子的。

第五节　月饼

在我国众多传统节日中,月饼是中秋节必备的核心食品。在各节日食品中,月饼与饺子、汤圆、粽子是四种最有影响力的美食。月饼,无论它的名称、形状还是所包容的丰富营养物,都是人们所爱看爱吃、且最有象征性,可以互相赠送的。所以它也叫作团圆饼。

一、月饼的来历

（一）**太师饼、胡饼**。月饼怎么来的,人们也有各种说法。早在商周时期,江浙一带就有一种纪念商朝太师闻仲的边薄心厚的太师饼。相传周武王伐纣时,商纣王就派闻太师带兵出征。太师深知兵贵神速,就命令部下做了一种叫糖烧饼的干粮带上,后来人们仿着来做,就叫成了太师饼。汉武帝时,张骞出使西域,带回了芝麻、胡桃,为月饼的制作增添了丰富的原料,祭月小饼中添上胡桃仁,人们就叫它胡饼了。

（二）**唐玄宗、杨贵妃与月饼**。据说有一年中秋月

下吃胡饼，唐玄宗说胡饼的名字不好听，身边的杨贵妃听了，抬头望望天上的明月，就随口说出月饼二字。从此宫中就开始叫月饼，后来传到民间也普遍叫月饼了。这倒是杨贵妃的一个功劳。又传说唐玄宗曾经中秋之夜神游月宫，嫦娥给他吃了又酥又甜的仙饼，回来后难忘这种美味，就让宫人仿做，在八月十五宴会上让大家都品尝。因为这是学做月亮上的饼，又是圆如满月，就叫它月饼了。民间也传说董永儿子上天寻母，母亲七仙女让他吃了又甜又香的仙饼，记忆十分深刻。他后来为官时，就要求中秋节家家仿做这种饼。

到了宋代，月饼有荷叶、金花、芙蓉等雅称。到南宋时，月饼之名已经遍及京城。到清代，人们觉得饼和病谐音不吉利，曾经改为月华，但月饼之称仍然使用率最高。

二、月饼的种类和制作方法

月饼多种多样，唐代时就已经有了月饼作坊、卖月饼的店铺。

(一) 种类繁多。 月饼有蒸制、烤制两大类。先是以蒸制为主，后来才以烤烙为多。当今兰州的油锅盔、

糖锅盔就是烙制的,这里的也有千层饼,却是用面发好后蒸熟的。月饼的风味各有不同,比如有京式、苏式、广式、滇式、潮式等。外皮也有不同,主要是提浆、酥皮、硬皮三大类。馅子有甜、咸、荤、素,也各有特色。东北有套月月饼,主要用于互相馈赠。这是宝塔式的月饼系列组合,底盘直径可达一尺,往上逐个减小,一层层形成塔状。后来南京也有了金陵套饼,分层堆叠在一起,顶部是一个寿桃。

(二)**月饼的制作**。做月饼是需要模具的。有的叫饼拍,内刻嫦娥奔月、玉兔捣药等图案。把面团塞入模中压实,磕出来的月饼图案清晰,烤烙后立体感很强。过去每到农历七月,各月饼作坊的老板们就开始采购新鲜莲子等月饼原料,必要时进行一些初步加工,中下旬便开始打月饼。打月饼是北方许多省份的说法。打好后就暂时库存或边打边卖,到中秋节前形成打月饼买月饼的高潮。

在制作方法上,一般是发好白面、兑入糖汁,再把面揉好;然后将面团分成各个小段抻成面片,接着将莲子熬成的莲蓉等馅包入面饼中,一一揉成圆球,将圆球按入饼拍中。先左右轻轻磕台面,再翻转过来

一下子磕出来，就出现一个圆圆的月饼。

根据王颖的《中秋节》中所记，月饼有三种做法。把月饼表面刷上鸡蛋糊，放入烤箱。一会儿月饼就烤好了，色香味都引人垂涎欲滴。如果做提浆月饼，要熬糖浆调入面团做月饼的皮，包入咸肉、甜肉、火腿、枣泥、豆沙、莲蓉等，饼面印出各色花纹，这就是广式月饼。广州人喜欢吃肉粽、肉月饼。如果做酥皮月饼，就是将面粉、饴糖、猪油、用热水搅拌做皮，有百果、豆沙、火腿等馅，苏式、滇式月饼也属于此类。硬皮月饼是用白糖、饴糖、香油加上小苏打和面为皮，冰糖、白糖、香油、桂花、瓜子仁、核桃仁等搅拌为馅，北京的自来红月饼就属于这种。

各地还有一些比较特殊的中秋食品。比如台湾宜兰地区吃了月饼还要吃菜饼。在上海，中秋节时都要买一只整鸭烧烤而食，人口少的就买鸭腿或鸭块回来做一做。南京人中秋时要吃桂花鸭，福建人要吃槟榔芋烧鸭，四川人爱吃烟熏鸭、麻饼、蜜饼。水系较多的地方，比如阳澄湖边的人们爱吃大闸蟹，广东顺德一带要吃田螺，等等。这些饮食和月饼相搭配，形成中秋节的美食系列。

第九章

重阳节

九月九日为重阳节,也叫重九节,在七夕、中元、中秋三节之后,是入秋后的第四个节日,也是秋冬交替时的辞青、迎寒老节,还是一年最后一个数字重叠式节日。其九字重重,含义是极高极大,代表长久、长寿。1989年,我国按照联合国教科文组织的要求,将农历九月九日定为中国老人节。这样就突出了重阳节尊老敬老的主题,对于促进家庭和谐、建设和谐社会是十分重要的。

第一节 重阳节的起源

重阳节的起源也有很多说法。有人说它起源于西汉,也有人说它起源于东汉。我认为,它首先起源于远古先人的思维方式和时间记忆方式,起源于农业社

会到来时的生产劳动程序和祭祀活动。

一、九九为阳与星宿大火

《周易》上说:"天一地二,天三地四,天五地六,天七地八,天九地十。"即一、三、五、七、九为天数、阳数,也是奇数,二、四、六、八、十是地数、阴数,也是偶数。两个阳数相遇就是重阳,一年之中会有五个重阳日,即一月初一、三月初三、五月初五、七月初七、九月初九。为何独以九九为重阳节呢?因为九是最大的阳数,九九相重是最为长久之数,故称重九为重阳,以别于其他重阳日。古人说,"日月梭飞,转瞬重九,盖九为阳数,其日与月并应,故号曰重阳",说的就是这个意思。丁波在《重阳节》一书中说,古人重视阳月阳日,重大活动或朋友相聚要在阳月阳日举行。重阳两九相重,是为阳之极,但阳气达到了极点,太极之至了。阳极必变,就要转化。既有季节转化、寒暑转化,也有人间祸福交替的含义。

九月九与春天的三月三(寒食、清明)是春秋两季相对应的大节,古人曾以天上的星宿大火出没为依据。大火星即二十八宿之中的心宿二,春天三月时在

夜空出现,秋季九月就渐渐隐退。《夏小正》上说"九月内火",意思是大火退隐。没有了时间坐标,寒冷的冬天到来,使人感到恐惧。古时大火出现时要有迎火仪式,退走时要有祭送仪式。"寒气总至,民力不堪",要解"阳九之厄",人们便要登高、插茱萸、饮菊花酒,就是为在没了火神保佑之后,更要防止寒邪侵袭,保证安全地过冬。

二、黄帝忌日和祭祀

黄帝是我们中华民族的人文始祖,每逢重要节日就要对他进行祭祀。相传九月九日是黄帝去世之日。在《汲郡冢竹书》中说:"黄帝既仙去,其臣有左彻者,削木为黄帝之像,帅诸侯朝奉之。故司空张茂先撰《博物志》亦云:黄帝仙去,其臣思恋罔极,或刻木立像而朝之,或取其衣冠而葬之,或立庙而四时祀之。"从而可见黄帝逝世后,以左彻为代表的群臣对他十分怀念、尊崇,多有祭祀之举。从汉宣帝开始,就把九月九作为民间祭祖之日。祭祀黄帝分为公祭和民祭两种。公祭是清明节举行,而民祭则在重阳节举行。一年便有春秋两次祭祀。这也是重阳节祭祀先祖习俗

的重要源头。

三、费长房和道教的影响

重阳节与好神仙的人们很有关系。比如南朝梁吴均《续齐谐记》中,记录了东汉桓景登高避邪的故事:"汝南桓景,随费长房游学累年。长房谓曰:九月九日汝家中当有灾,宜急去。令家人各作绛囊,盛茱萸以系臂,登高饮菊花酒,此祸可除。景如言齐家登山。夕还,见鸡犬牛羊一时暴死。长房闻之曰:此可代也。今世人九日登高饮酒,妇人带茱萸囊,盖始于此。"这个故事说明重阳节起于东汉,登高山、饮菊花酒等都是为了禳灾免祸。费长房是个道教人物,生活的时代是东汉。他指导徒弟桓景躲灾避祸及后来斗恶魔的故事,在南北朝时就已经流传。

而饮菊花酒的盛行,在于汉高祖宫中养生之用。晋代大诗人陶渊明"采菊东篱下,悠然见南山"的散淡生活和文学创作,都与菊、酒十分有关。

第二节　汉魏以来的重阳习俗

一、汉初宫廷饮菊花酒

古人消灾避邪活动，端午时要插艾蒿、菖蒲，秋季重阳节时也要插茱萸、饮菊花酒，吃重阳糕。在晋代葛洪《西京杂记》卷二中有这样的记载："（汉高祖）戚夫人侍儿贾佩兰，后为扶风人段儒妻，说在宫内时……九月九日佩茱萸，食蓬饵，饮菊花酒，令人长寿。菊花舒时，并采茎叶杂黍米酿之，至来年九月九日始熟，就饮焉，故谓之菊花酒。"是讲汉高祖刘邦死后，他的爱妃戚夫人被吕后残害，夫人身边的宫女贾佩兰也被赶出宫门，嫁给一个樵夫为妻。她将宫内的重阳习俗在乡间传播开来，适应了当时人们重阳节求长生的心理，渐渐形成了全国的重阳风俗。

二、魏晋南北朝时基本定型

三国魏时文帝曹丕的《九日与钟繇书》中这样写道："岁月往来，忽复九月九日。九为阳数，而日月并

应。俗嘉其名,以为宜于长久,故以享宴高会。"看来古时三月三是到水边去,九月九是到高处去。春秋二节,一趋低、一就高。一踏青、一辞青。南北朝时的《荆楚岁时记》中又说:"九月九日,四民并藉野饮宴。"到隋朝时,杜公瞻在一个注释中说:"九月九日之宴会,谓之起于何代,然自汉至宋未改。今北人亦重此节,佩茱萸食饵饮菊花酒,云令人长寿,近代均设宴于台榭。"可见隋朝人一般性地知道重阳节起于汉代,但没有说南方怎么过重阳节。大书法家王羲之也在重阳时大会宾朋、畅抒秋志。南北朝时,重阳节有皇家骑射的礼制。皇帝先射,臣属从后,这和登山一样是体育、游乐性活动。在魏晋时期,重阳节的登高、插戴茱萸、赏菊、宴饮、吃糕等习俗已基本定型。驱邪避灾、祈求长寿和文体娱乐是节俗的主旨,人们的登高、骑射、佩戴和餐饮都围绕着这个主题。

三、唐代的重阳节俗

(一) 赐宴、吟诗与骑射。唐代皇帝对重阳节的重视超过了南北朝的帝王。每逢重阳节,百官沐浴,皇帝宫中赐宴,或去登高宴会、赏菊吟诗。唐高宗、中

宗、肃宗都有过重阳节的诗作。《景龙文馆记》记载,景龙三年,唐中宗在慈恩寺登大雁塔,群臣献菊花酒祝寿。他让每人作同题四韵五言诗一首,先成者赏,后成者罚。此后每逢重阳,皇帝显贵们游幸登高、曲江饮宴赋诗几乎成为定制。

唐德宗曾在重阳诗序中说:我在位快10年了,国家治理有方,已经达到小康了,这都是诸位贤臣的功劳。选择重阳节宴请诸位大臣,就是希望爱卿们继续努力,为治理国家出力。大家的诗由德宗亲自品定优劣,最后确定上等、次等和下等。唐代重阳赋诗很多。在现在留存的唐诗中,咏重阳的诗在节令诗中最多。能赴皇帝重阳赐宴,大臣们都引以为荣。白居易有《九月九日谢恩赐宴曲江会状》,说自己很幸运参加了皇帝召集的重阳曲江宴会,感到万分荣幸,欢乐之情无法言表。

唐代皇帝也多在重阳节让大臣进行骑射比赛。如贞观十六年九月九日,唐太宗就曾赐文武五品以上官员在玄武门骑射。有一年重阳赐射时,萧瑀连发了好几箭都没射中。欧阳询便作了一首诗来嘲笑他:"急风吹缓箭,弱手驭强马……十回俱着地,两手并擎空……"这首诗引得众人哈哈大笑。当时地方大员们也

纷纷于重阳练习骑射。

（二）下诏定为官方节日。贞元元年（785），唐德宗下诏把九月九日重阳节正式确定为官方法定节日。诏书说，重阳节是前代的惯例旧俗，现在政府以重阳节为三令节之一，就是要与民同乐。在正月初一、三月三日和九月九日三个节日中，希望文武百官各自选择一个佳境胜处去赏景庆节。还规定，三节时要给大臣发放过节费，宰相赐钱五百贯、翰林学士一百贯，左右神威、神策等十军各赐钱五百贯。

在过节时间上，唐代前于九月八日或推迟至九月十日，这样就使得重阳节的节期增多两天。《辇下岁时记》载："都城重九后一日宴赏，号小重阳。"李白《九月十日记事》诗曰："昨日登高罢，今朝更举觞。菊花何太苦，遭此两重阳。"有时可能推后十天之多。登高、饮菊花酒这一前代避邪求长寿的活动，此时已失去了原来巫术方面的作用，成了一种"以畅秋志"的娱乐、健身活动了。

四、宋代重阳节俗

宋人孟元老十分具体地描述道："九月重阳，都下

赏菊,有数种,其黄白色,蕊若莲房,曰万龄菊;粉红色,曰桃花菊;白而檀心曰木香菊,黄色而圆者曰金铃菊,纯白而大者曰喜容菊,无处无之。诸禅寺各有斋会,惟开宝寺、仁王寺有狮子会,诸僧皆坐狮子上作法事,讲说游人。"佛教寺院纷纷举办法会,宣讲佛家教义,这是其与前代的重要不同。宋代习惯以八日代九日,举行赏菊和赏灯宴。过节也保留了射箭习俗,但能参加宴会的多是近臣和宗室贵族,宴会地点有时在大臣府邸,最经常的地方是皇宫中的太清楼。在景德三年九月,宋真宗曾专门下诏书规定上巳、二社、端午、重阳等节,要各放假一天,作为经常的仪制执行。这和唐代一脉相承。

宋代人喜欢重阳饮宴,即使出游在外也要尽力而为。陆游在远赴四川的时候,路上正赶上重阳节。便到江边村里买羊肉和酒,还求要了菊花。唐代大诗人王维在《九月九日忆山东兄弟》中写道:"独在异乡为异客,每逢佳节倍思亲。遥知兄弟登高处,插遍茱萸少一人。"可见王维那时只是孤独思亲,万没有陆游的急切和大方。宋代已经开始用重阳节来纪节,比如据《宋史·河渠志》载:"九月以重阳纪节,谓之'登高水'。"

此时保留了头插茱萸之俗,但开封妇女往往"剪彩缯为茱萸、菊、木芙蓉花,以相送遗"。可见,当时京城里妇女已不再从田野采摘茱萸,而是人工制作茱萸、菊花互相赠送,佩于发梢。此时,从宫廷到民间都要购菊、赏菊、饮菊、簪菊,还点菊灯、吃菊花。酒店常用菊花装饰成菊花门、菊花窗等。宋朝的京都专门栽培菊花的园圃,这时也向游人开放。

五、辽金元明清的重阳习俗

(一) **辽金元三代的拜天射猎习俗**。东北契丹人的九月九日是拜天日,重阳拜天是契丹族固有的传统习俗。这天皇帝要率领群臣打围射虎,猎获物多者为胜,少者为负,输了要罚。金朝重阳节仍然以拜天、射猎为主,不像汉人喜欢赏菊、登高。

元朝时,受蒙古族习俗的影响,九月九日和四月九日,要洒马奶酒进行祭祀。皇家也开始学习汉人赏菊、饮宴,宫中有了菊节,还有马球游戏。

(二) **明清时重阳习俗**。明代时,重阳设宴之风更盛,登高习俗更加浓厚。朝廷也会给大臣休假。还有个与前代不同的习俗,那就是吃柿子。说到重阳节和

柿子的关系,是明太祖朱元璋提倡的。有一年,朱元璋微服私访出城,感到饥饿口渴,见有一树红柿子,就摘了吃下10枚才饱,回宫后下旨封柿子为凌霜侯,令天下人在重阳节都吃柿子,以示纪念。从此重阳吃柿子的习俗一直延续到了清代,山东泰山、千佛山等地九月九庙会上卖柿子的很多,大家都叫它柿子会。"七月核桃八月梨,九月柿子赶大集。"这是当地的谚语。

清初,重阳节已成为"寻常节",顺治十三年定礼制:"唯立春、上元、四月八日、端阳、重阳皆寻常节"。皇帝在这天也要设宴,宴会上君臣也要赋诗。

明清时民间百姓过重阳节,已经成为他们生活时间表上的重要一环,产生了一些地方性的节俗。比如,华北、东北的一些地方还把重阳称为女儿节,这一天娘家要迎回出嫁女,食菊花糕。在河北保定等地还要追节,娘家人要携带礼物去出嫁姑娘家走亲,不仅看望同辈姐妹,也看望姑姑,携带的礼物主要有包子、馒头、糕点、挂面等。再如黄河流域的一些地区还有重阳节祀神祭祖之俗。如山西平遥、大同此日祀天地,河南西华以鲜鱼祭家神,陕西清涧此日去药王庙烧香。山东鄄城一带有说此日为财神生日,家家烙焦饼行祭。

河南汲县、滑县等地也都祀财神。山东长岛、文登一带称重阳为鬼节,家家要上坟祭祖。比较奇特的是,浙江浦江地区有重阳建灶之风,当地有"重阳灶,节节高"的谚语。从唐代开始的小重阳之俗,在近代也颇为盛行,湖北来凤、宣恩等地以九月九日为小重阳,九月十九日才为大重阳。

第三节 重阳敬老习俗

重阳节尊老敬老,体现了中华民族的传统美德,作为传统可谓源远流长。前面提到夏商时就有尊老敬老的习俗,周时就有了一些明确的官方规定。春秋战国时代的儒家是尊老养老风俗的总结推广者、理论阐述者。重阳敬老之举,丰富了重阳节俗和该节的文化内涵。

一、汉代以来的敬老习俗

大约从汉文帝时开始,尊老敬老就成为朝廷中的一种风尚,并渐渐固定为国家制度。朝廷每年要给70岁以上的老人发手杖、羊、酒、糜粥、布帛,皇帝们还经常邀请一些年事已高的老人来赴宴,以此来影响

全社会尊老敬老。汉朝时设三老,让三老掌教化。在县乡两级都有三老,官府免除他们的税收和劳役。东汉时在郡级设了三老,又在朝廷设了国三老。其次是定期供养老人以米肉,让他们老有所食。三是实行王杖制度,就是赐给老人王杖,这杖像苏武出使时的旌节,犹如皇上亲临。持杖老人可享受六百石官员的待遇。魏晋之后,尊老风俗得到了沿袭,唐朝官方还颁布了一系列敬老养老的政令,比如允许50岁以上老兵还乡务农,免除老人的课役等。对退休的老官员也有种种优待,保障生活供给,让他们安度晚年。明朝初年时,对老人有三优,就是尊高年、设里正、优致仕。里正是村级主事人,致仕是退休,退休要优待。对民间老人实行养老之政,凡80岁以上的贫寒者,只要为人正派、乡民称善,他们就可以上公堂直谏,甚至有事可以直报朝廷。清朝时,乾隆50岁大庆时举行了千叟宴,宴请老人多达3000人。

二、新中国成立以来的敬老活动

新中国成立以来,特别是改革开放以来,我国的尊老敬老之风和养老政策都随着经济的发展而不断变

化，形成了重阳节基础上空前优良的尊老养老时间段。1989年，国家将重阳节定为老人节（敬老节、老年节），全国各地开展了大量的尊老敬老活动，每逢重阳节时都要开展关爱老人、救助老人、娱悦老人的活动。传统的孝道观念又得到弘扬和发展，社会慈善事业从无到有，重阳志愿者越来越多，少年儿童和民警、解放军指战员尊老敬老活动的开展也越来越普遍。各级政府和企事业单位每年都组织老人重阳节游览、登高。各小区、街道和部分村镇也广泛开展老年文体活动。重阳菊花展、夕阳红书画展和老龄艺术比赛活动，也开出了一朵朵老龄文明之花。城市和生态文明村中都有了老年活动室，可以下棋、打麻将，读书看报，老年时装队、秧歌队、门球队也普遍建立。老有所依、老有所学、老有所乐，现在已经真正实现。从古代流传下来的重阳糕，在南京、无锡等地又大行其道，是老人喜欢的食品。

2006年6月，国家已经把重阳节确定为第一批非物质文化遗产项目，各种重阳古俗的筛选和恢复、重阳新风的创新和发展，都在实践过程中。

第十章

其他节日和节令

除了以上包括元宵节在内的重大节日之外,还有一些值得一说的节令和节日。关于节令,前面已经提到清明节由二十四节气之一上升为一个以祭祀先人为主的民俗大节,还在各个章节中顺便叙述了立春、春分、秋分等节气,但是还有立夏、冬至等节令也曾经是民间重要节日。正月二十五填仓节、数字重叠的四月四、六月六及十月一寒衣节等,也应简要进行叙述。因为这些节日还活在民间。下面我仍以时间顺序先后来谈。

一、正月下旬天穿节、填仓节

正月下旬,还有两个古老的节日。一个是正月二十的天穿节,一个是正月二十五的填仓节。这两个节日的主题也都是希望风调雨顺、农业丰收。虽然已经

淡化，但在部分地区依然存在着。

（一）**天穿节**。古时的正月二十日天穿节，也叫补天穿、天饥日等。这个节日曾经在正月二十五日前后进行，但以正月二十者居多。广州一带却是正月十九日进行。这天要把糯米粉烙成圆饼，用线穿起来叫做补天穿。说是为了纪念人类始祖女娲补天、消灾的功劳。这一天做圆饼（煎饼）放在女娲神像前，或放到庭院，或扔到房顶上，以表示补天。宋代时这种风俗非常流行，苏东坡还写过一首诗："娲皇没后几多年，夏伏冬愆任自然。只有人间闲妇女，一枚煎饼补天穿。"民间也有过"二十日天穿，二十一日地穿"的说法，是因为雨水节将到，人们祈祷下雨，又怕漏房，所以用补天穿的方法既求雨又保证房屋安全。

（二）**填仓节**。填仓节起源很早，是古时希望五谷丰登、粮米满仓意愿的表达。这天也叫填仓日（添仓日），又说二十日是小填仓，二十五是老填仓。这是仓神的生日，古时的仓官、粮商们要祭拜仓神，燃放鞭炮。以为这样就会大囤满小囤流。有说汉初齐王韩信死后被封为仓神，人称之韩王爷。北京、山西永文县等地的志书上都有所记载。

这天农村有打囤、崩囤的习俗。一般是早晨起来在当院画一个圆圈,在圈里燃放鞭炮,放得越多越好。一些地方还有这天吃天仓饼的风俗。

二、四月四龙母庙会

我国的龙崇拜,可分为龙、降雨龙王、龙母和龙女崇拜几种情况。各地有不少龙王庙,也有一些龙母庙、五龙圣母庙等。四月四是人们心目中的恶月恶日,在历史上没有形成全国性的大节。但这是民间祭祀龙母的日子。在河北、山东、山西诸地,流传着五龙圣母或九龙圣母的传说。一般说是一个姑娘在不经意中怀上龙胎,生出几条小龙来。后小龙长大行云播雨,造福一方,人们便感激他们的母亲,为她和小龙们修建庙宇。

河北井陉县长岗村就有五龙圣母庙,其传说是:一个姑娘在井边打水洗衣,来了个道人让她缝补衣裳。当她缝完时一个线头不小心吞下,后来便生出五条小龙。姑娘的父母不知这是怎么回事,又怕她哥哥打骂,便连夜把她送到青云山石洞中躲藏。五条小龙渐渐长大,经常在春旱时为人们下雨。这年天气大旱,朝中

唐太宗向天求雨,发誓说若三天不下透雨我就跳进火堆以谢天下。大臣们十分着急,太宗也做好了以死谢天下的准备。第三天正午,天气干热无比,许多人认为今天不会下雨了,都担心皇上怎么办。忽然一声雷鸣,西方天空过来一团乌云,马上下起了瓢泼大雨,把祭天的大火浇灭了,地里的青苗都活了,皇上也得救了。太宗望天空一看,有五条巨龙向东方飞去,便派观星相的大臣追踪,说是落到了河北井陉关一带。经过寻找确定,就是青云山洞五龙降雨救驾。太宗听了大喜,马上下旨修建五龙圣母庙,年年派朝臣来祭祀。下雨这天是四月初四,后来渐渐形成了四月初四长岗村五龙圣母庙会。

这是传统的龙崇拜的衍化物,是把神龙人化了,变成了人的儿子,与人类的关系更密切了。据知在太行、吕梁山区都有五龙圣母庙存在。长岗的五龙圣母庙会是四月初一上山迎龙母,九月二十九向山洞送龙母,等于一年两个龙母庙会。

三、四月初八浴佛节

前面已提到浴佛节,又称佛诞日。节期在每年的

四月初八,是佛教传入中国后兴起的一个宗教性节日。傣族地区称泼水节。相传四月初八是释迦牟尼的诞辰。这天,僧尼们备好香烛,置金盆于院中,请出释迦牟尼童年铜像一尊,放入盆中,用五色香水浴佛。浴后围观者争求浴佛水饮漱,据说可以消灾祛病。浴佛节期间,僧家还要请善男信女赴斋会吃斋,同时施舍圣水。这种圣水尽管也叫浴佛水,但已不是浴佛时所用圣水,而是用香药、糖水炮制而成的药水,具有一定疗效。

佛教不主张杀生,故节日期间,善男信女们还要将龟鱼螺蚌到河边放生。据宋时《武林旧事》载:"四月八日为佛诞日……是日西湖作放生会,舟楫甚重……竞买龟鱼螺蚌放生。"四月初八也是妇女们赴庙会求子的日子。

在山东聊城观音庙,神案前摆有许多泥娃娃,有坐,有站,有爬,有舞,皆男性。妇女们拜完观音,必取一泥娃娃,以红绒绳套住泥娃娃的脖子,号称拴娃娃。同时摘下泥娃娃的"小鸡",融入水中服下,人们深信这样便可怀孕生子。

四、五月十三磨刀雨

五月十三,在北方许多地方有庙会,相传为三国关公磨刀之日。因关公带二位皇嫂离开曹营去找兄长刘备,需要磨一磨青龙偃月刀,以备半途杀敌。磨刀需要用水,当时关公找不到水,便强令龙王下磨刀雨,龙王不敢不下,便急忙下了一场雨,称为磨刀雨。后来人们都说,每到五月十三总要下些雨水。这在北方渐渐形成人们敬天求雨的节日,认为此日求雨十分灵验。此节与我国民间及佛道两家的忠义观念流行、关公崇拜有关。

河北省怀来县的有关传说是:三国时,关羽斩颜良那天正好是五月十三。颜良是东海龙王的亲外甥转世,他遇难那天,正好龙王从天庭赴宴回来,在云头上看见自己的外甥被关羽一刀砍得身首分离,血洒黄沙,心中十分不忍,禁不住流下泪来。关羽杀了颜良,见老天忽然落下雨来,就把手中大刀一伸,让雨水淋洗刀上的血。后来,每年的五月十三,龙王爷都要上天号哭外甥,所以这天或多或少都要下几点雨。现在仍有不少地方于五月十三举行关公庙会,并有"大旱

不过五月十三"的俗语。

五、立夏节

立夏是二十四节气之一,早在商周时期就已经有了四立,即立春、立夏、立秋、立冬。立夏形成的民俗,至今还在一些地方存在着。

比如江南一带,有立夏时要把小孩称一称体重和吃塌饼的习俗。有关传说是这样讲的:三国时刘备手下有个大将赵子龙,他在长坂坡从曹操百万军中救出了刘备的儿子阿斗。因为阿斗的生母糜夫人已投井自杀,刘备南征北战带孩子不便,就想把阿斗交与后娶的孙夫人抚养。当时孙夫人还在吴国,那里气候温暖,物产丰富,让孙夫人抚养阿斗,既平安又放心。于是刘备准备了许多礼品,特别是做了 20 个蒸团子(米或面粉做成的圆形食物),装成两担,层层相叠,中间用青菜叶子隔开,由赵子龙护送着去了吴国。到吴国刚巧是立夏日。孙夫人一见白白胖胖的小阿斗很喜欢。但孙夫人也顾虑自己是晚娘,弄得不好在夫君面前不好交待,在百姓中间也会留下笑柄。于是她想出一个办法:今天正是立夏,用秤把小阿斗在子龙面前称一

称，到明年立夏再称就知道对孩子如何了。这样她就让人立即将小阿斗过了一次秤。接着子龙把礼物呈上。不料两担团子压得很扁很扁，一层层青菜叶子拿掉后，白团子被菜叶印成了绿色。这如何是好？他略一思索后说："主母娘娘，依我们蜀国风俗，在立夏节家家都要做塌饼送人，请主母娘娘收下。"孙夫人高兴地收下这些塌饼，并把它分给宫女们吃。这塌饼是猪油夹豆沙，吃起来又甜又糯，众人都说好。从此，孙夫人每年在立夏就把小阿斗称一称，向刘备报喜讯，又仿做了大量塌饼分给宫女吃。渐渐在江南一带，形成了立夏节称人吃塌饼的风俗。

在江苏南通一带还有"立夏吃了蛋，热天不疰夏"的俗语。说是古代天上有个瘟神，平常总是睡懒觉，每逢立夏时才醒来。他带上一只瘟疫口袋到人间播疫作祟，使许多人发热厌食，四肢疲软，人们就叫这种怪病是疰夏。特别是小孩容易得这种病。此事被女娲娘娘知道了，就找瘟神说理。瘟神问她有多少孩子在下界，女娲说我手翻一翻就是一个，你要看好，说着两手飞快翻动，瘟神看得眼花缭乱，便说小神数不过来。女娲便说，我在立夏日让孩子们衣襟前挂一只蛋

袋,你要认准这个记号,否则我要在玉帝面前告你。从此,人间的孩童们个个胸前挂着一个小丝线网兜,里面盛着煮熟的鸡蛋、鸭蛋,瘟神一看这都是女娲的子孙,就不敢放瘟病了。孩子立夏带鸡蛋、鸭蛋的习俗就留了下来。

六、六月六天贶节

六月六,是回娘家节。张余在《中国民俗大系·山西民俗》中说,山西人以六月六为姑姑节。相传,晋国大臣狐偃骄傲自大,曾把亲家气死。女婿想趁狐偃过生日时杀他报仇。女儿既恨父亲骄横无理,也怕父亲受到丈夫的伤害,便偷偷回娘家报了信。狐偃想了想,觉得自己这些年官高权重,礼数不周,更不应该气死亲家。第二天是六月六,该他过生日了,就早早去请女婿。请到后,他要女婿、女儿坐上座,还公开认了错。女婿一听就原谅了他。此后每年六月六,狐偃都要把女儿、女婿接回家中团聚。后世仿效,遂形成六月六接闺女回娘家的习俗,民间便有"六月六,请姑姑"的谚语了。

据《宋史》记载,宋真宗夜梦神人自天而降,对

他说，上天将降大中祥符三篇，以示祥瑞。后果有天书频频降临。真宗为感谢天恩，改元为"大中祥符"，规定每年六月六为天贶（kuàng）节。贶就是赐赠。当年十月，他还赴泰山进行封禅，拨库银大修岱庙，将主殿取名天贶殿。其实，这是宋真宗及其幕僚们为了稳定人心导演的一场闹剧，给大宋江山蒙上了一层天助神佑的神秘色彩。

此外，每逢六月六，从佛寺到民间，还有晒书籍、晾衣服的风俗。在河北藁城耿村就有六月六晾晒书籍的传说。是说唐僧师徒四人取经回来要过一条河，当时没有渡船，却来了一只大乌龟。乌龟驮上他们，就问取的经书有什么用，唐僧有些看不起它，觉得乌龟不值得念经。乌龟便把身子一歪，他们四人差点落到水中。孙悟空赶紧说好话，乌龟便问我什么时候变成人，孙悟空搪塞说不是今天就是明天。乌龟听了很高兴，就把他们驮过了河。由于中间大龟身子一歪，有些经书被水泡了，他们到河边就晒起经卷来。这天就是六月初六，后来就出现了六月六晒书籍、衣服的习俗。因为这时是三伏天，空气中水份太多，晾晒东西是必要的。

张家口一带还有"六月六,看谷秀,雀不啄,虫不蛀"的俗语。传说古代稷王教人们种五谷、种棉花,虫王却来问自己吃什么,稷王便说:你吃露水吧。过了几天它又来说露水解渴不解饥,给点吃食吧。稷王便说:你吃土吧。虫王啃了一口土说不好吃,稷王便不耐烦地说:你爱吃啥就吃啥吧。从此虫王就在田野里胡咬起来。人们去找稷王,稷王便告诉虫王,别光吃五谷果菜,野草什么的也要吃点。这样,庄稼上、花草树木上都有了虫子。那天就是六月初六。此后庄稼人就要六月六去田里转转,看有没有虫子,也可以看庄稼长势预测收成,渐渐形成了风俗。

七、十月一寒衣节

十月初一是一年中最后一个鬼节。传说这天是阎王给鬼魂放假的日子。此时是立冬前后,天气渐冷,阎王好心给死人放假,也让活人给死人送寒衣。这天人们要带上纸钱、纸衣,到已故先人坟上去祭奠,称为寒衣节。在北方,还普遍流传着孟姜女哭长城的传说。说孟姜女的丈夫万喜良被抓去修长城,一走音信全无。孟姜女便做好过冬的衣裳,千里迢迢来到长城

工地找丈夫。不料丈夫已经累死，而且被砌到城墙里。孟姜女听说便大哭起来，一直把长城哭倒了八百里，露出了许多死人骨头。她咬破手指滴血认骨，凡是万喜良的骨头血液可以渗入。这天是十月初一。孟姜女捡完骨头包上，就回家去了。后来，人们都觉得冬天来了，应该给已故的亲人送衣服鞋帽了，就纷纷上坟烧纸衣、纸帽，渐渐形成了寒衣节。节期一般是提前十日、五日去上坟，也有的当日上坟。

八、十月十五下元节

十月十五是道教的下元节。相传这天是解厄水官洞阴大帝的生日。水官主管解厄救困，人们祭祀水官，也不杀生，说官府不判极刑。

也传说这天是太上老君的生日，许多矿山、炼铁炼铜工场和砖窑瓷窑都要敬奉老君，还要聚会饮酒。因为老君能用火炼丹，便被尊为行业性火神，称为烧窑祖师。古人还认为，百匠之首是铁匠，宴会时要让铁匠坐上座。

在山西朔州一些地方，送寒衣的日子就是这天，而不是十月一。

九、冬至节

冬至、夏至为节气的二至。冬至一般在十一月。这天夜晚最长、白天最短,过后就会白昼长而夜晚短。古时冬至这天要百官朝贺,君不听政,店铺歇市,学生放假,所以古时曾有过冬胜过年的说法,也把冬至节说成贺冬、拜冬。早起要互相拜贺,像过大年拜年那样,也去祭祀祖先。

北方有冬至饺子夏至面之说,相传来自古时女娲造人。说人的耳朵掉了,女娲就会捏一个饺子似的耳朵给人补上,所以冬至要包饺子、吃饺子,认为这样就不会因天冷冻耳朵。还有的说,东汉末张仲景懂医道,在冬至前教人们熬制祛邪娇耳汤,能治冻伤,娇耳便是饺子的前身,由于很像耳朵才叫饺耳了。这天,也有些地方宴请教师,用炖羊肉款待。古时根据寒暑变化总结了数九歌。各地大同小异,却各有特点。前面已经提到一首,下面且看山西晋南一带的数九歌:"冬至数一九,两手藏袖口;二九一十八,口中似吃辣;三九二十七,见火亲如蜜;四九三十六,出外冰上溜;五九四十五,还有春寒四十五;六九加七九,

莫把棉衣丢；八九连九九，耕牛地里走。"

以上讲述了十九个传统节日，它们与古代劳动人民的生产生活息息相关，也与祭祀天地、先祖和宗教信仰紧密相关，重要的大节更与历代帝王的提倡和率先过节有关。这些都是我国传统节日形成的重要原因。其实，在各地各少数民族中还有许多民间节日，因本书篇幅所限不能一一尽述。

我们要尊重本民族的传统节日，珍惜传统节日，支持传统节日，也积极参加传统节日活动，保持我们中华民族的文化特征，以使我们伟大的中华民族永远高站于世界民族之林。